犹太妈妈的69种育儿方法

赵美贤 / 著　闵铭顺 / 绘

台海出版社

图书在版编目（CIP）数据

犹太妈妈的 69 种育儿方法 / 赵美贤著；闵铭顺绘
. -- 北京：台海出版社，2019.3
ISBN 978-7-5168-2257-9

Ⅰ.①犹… Ⅱ.①赵… ②闵… Ⅲ.①犹太人—家庭
教育 Ⅳ.① G78

中国版本图书馆 CIP 数据核字 (2019) 第 033669 号

犹太妈妈的 69 种育儿方法

著　　者：赵美贤		绘　　者：闵铭顺

出版策划：双螺旋童书馆
责任编辑：武　波　　　　　　　装帧设计：沈银苹
特约编辑：唐　浒　赵　静　宋卓颖　责任印制：蔡　旭

出版发行：台海出版社
地　　址：北京市东城区景山东街 20 号　邮政编码 100009
电　　话：010-64041652（发行，邮购）
传　　真：010-84045799（总编室）
网　　址：www.taimeng.org.cn/thcbs/default.htm
E-mail：thcbs@126.com

经　　销：全国各地新华书店
印　　刷：固安县云鼎印刷有限公司
本书如有破损、缺页、装订错误，请与本社联系调换

开　　本：880 mm × 1230 mm　　1/32
字　　数：126 千字　　　　　　印　张：7.25
版　　次：2019 年 6 月第 1 版　印　次：2019 年 6 月第 1 次印刷
书　　号：ISBN 978-7-5168-2257-9
定　　价：38.00 元

Catalog
目录

引言

不要害怕别人的眼光 · 36

称赞和鼓励能改变孩子 · 58

爱的表达也有两面性 · 71

希望孩子做的事，
请自己先去实践 · 93

07 把孩子培养成乐于助人的人 · 112

10 比起父母的自尊心 请先考虑孩子 · 190

妈妈是最好的老师

妈妈是孩子出生之后最先接触的如宇宙一般的存在。孩子通过妈妈这扇窗户了解和学习外面的世界。妈妈对孩子小到说话语气、行为习惯，大到人格形成都会产生影响，甚至说妈妈能左右孩子的一生也不为过。

如今，越来越多的妈妈开始关注子女教育，但犹太妈妈们从两千年前就开始扮演起子女的老师。当然对于孩子来说，教育者不仅仅是妈妈，还有被他们称为"拉比"的老师们，以及很多教育机构。

但是犹太妈妈们没有把孩子的教育全交给学校和"拉比"们，她们愿意亲自为子女教育付出辛劳。她们用坚定的信仰和正直的道德观来武装自己，投入子女的教育中，创造了仅次于"摩西奇迹"的世界性教育神话。

人们称犹太妈妈为"意第绪妈妈"。这个词有"快乐地照顾孩子"之意，还包含了她们"全心全意为子女未来健康的付出"的意思。"意第绪妈妈"的教育方式其实并没有什么特别之处。以子女的人格形成为教育重点，重视人际关系的"德行教育"，是犹太式家庭教育的组成基础。

　　值得注意的是，这样的教育并不是父母单方面的填鸭式教育，而是以完全尊重子女个性为基础的。她们以把孩子培养成为品行端正、有智慧的人为目标，最后把孩子培养成了活跃在各个领域的杰出人才。

　　不光是犹太妈妈，世界上所有的妈妈都是伟大的。她们或许只是出于本能，心系子女，奉献自己。但现在很多妈妈都愿意把犹太式家庭教育作为子女教育的参考标准。因为犹太妈妈培养出了许多杰出的人物。

　　本书是为向妈妈们提供优秀的教育案例而特别企划的。对那些最关心子女教育的妈妈来说，书中肯定有很多让妈妈产生共鸣之处。

　　衷心希望这本书能成为培养未来人才的摇篮。

赵美贤

07

第一章
凡事都要实事求是

你在对谁发火呢

不会控制愤怒的父母无法营造出和睦的家庭氛围。而愤怒的情绪往往会给家庭带来痛苦。

正如那句格言，"家庭生活中的愤怒就像啃食粮食的害虫"，愤怒具有破坏一切的力量。

即使发了火，你的心情也未必能变得舒畅。若将愤怒全部发泄出来，除了让自己感到莫名的悲伤外，对解决问题其实一点帮助都没有。

事实上，每个人通过自身的经历或多或少都能领悟出这个道

理。但一发起火来，就会失去理智，让愤怒占据自己的思想。这是因为自己还没有意识到愤怒的真正原因。

而这种情况下的愤怒通常是由潜在的期待心理引发的，希望自己的生活能完全符合自己的期望。

传世名著中把容易发火的人叫作被"内心虚幻之神"所操控的人。那个虚幻的神灵用他的方式摆布一切，让人稍有不如意就发怒。

父母训斥孩子的时候亦是如此。

假设妈妈外出回来时，发现孩子们将家里弄得乱七八糟，于是很生气地说道：

"天呐，这是怎么搞的？你们还是三岁小孩吗？我要给你们收拾烂摊子到什么时候！"

妈妈不经意间说了伤害孩子的话。

妈妈之所以向孩子发这么大的火，是因为她认为"孩子们应该保持房间干净整洁"。

但如果她一开始只是期待"稍微收拾干净一点就好了"，那她也就不会对孩子们说这么重的话了。

如果强迫孩子按照父母的思维方式成长，不仅容易使孩子在情感上走极端，而且对孩子的人格培养也会产生不好的影响。严格来说，父母发怒不是因为孩子的行为，而是因为孩子没有达到自己的期望值。那么，这种愤怒的原因又在哪里呢？

不要轻易扣动愤怒的**扳机**

父母常常因为孩子达不到自己的要求而生气。但是生气的最直接原因在于父母认为自己"难以克制"。

不管是哪个孩子，在成长过程中都有可能会调皮捣蛋，违背父母的意志。每当这时候父母就容易感性地判断为"这孩子怎么会这样"，"绝不能这么视而不见"，并转变为愤怒。

我们来举一个例子吧。

妈妈对沉迷于电脑游戏的儿子博文说道：

"博文啊，不要再玩游戏了，去学习吧。"

但是沉浸在游戏中的孩子根本听不进妈妈的话。

"博文啊！章博文！"

连叫几次都得不到回答，妈妈不知不觉提高嗓音，最后终于忍不住大吼：

"我让你别玩游戏了，你听到没？"

"没听到。"

"你这样子像话吗？沉迷于游戏，连妈妈的话都听不进去！"

博文犹豫了一下，又再次把视线转回到电脑，继续沉浸在游戏中。

这时候妈妈的情绪从焦躁转为了愤怒。

一开始她只是认为"明明听到我的话了……为什么不回答呢?"接着转而认为"这孩子根本不想听我说话",最后极端解释为"这孩子居然无视妈妈的话,真是个坏孩子!"

大部分愤怒的爆发都是因为在特定情况下的自我判断或解释。这种判断往往会造成一种负面情绪,认为"这孩子为什么要让身为妈妈的我产生这种不好的想法",于是渐渐引发无法收场的愤怒。

别玩了!
快去写作业

……

小贴士

　　孩子并不是为了惹父母生气才故意不听话的。但父母会草率地判断孩子的心理并进入愤怒的情绪中，把孩子的行为往坏的方向解释，事后不久又会对自己的行为产生愧疚，形成恶性循环。父母和孩子都会很痛苦。

　　父母必须先怀有宽容的胸襟，才能形成正确的家庭教育。但我们的父母为什么这么吝啬于给孩子们更多宽容呢？

凡事都要就事论事

容易生气的人大多都对现实不满。他们无法忍受普通的微小的痛苦或不快。

对现实不满的原因在于，他们总是想让自己心里舒服，想逃避辛苦或麻烦的事情。耐心不足的人凡事都想用这种方式面对。

这种思考方式对培养子女来说，是一种致命的缺点。要想养育孩子，妈妈势必要甘于做出一定的牺牲。尤其在孩子年幼的时候，妈妈连觉都睡不安稳，也无法自由外出。即使孩子稍微长大一点，上了初高中，情况也并不会完全好转。妈妈要做的事情更多，要花的时间也更多。虽然含辛茹苦把孩子抚养长大，但孩子并不一定会顺从父母的意愿。

假设女儿有懒惰的习惯，常常从外面回来以后不洗澡。

8

妈妈平时总是说几句就过去了，但次数多了，也会忍不住发火。
女儿一回到家就坐在电视机前看电视，妈妈看到就影响心情。

快去！
洗完再看。

看完再洗！

"从外面回来就应该去换衣服和洗手啊。"

"我看完这个就去洗。"

"现在就去！洗完再看不就行了。"

"我说了等一下就去。"

"你当妈妈的话是耳旁风是吧？你一个女孩子家怎么那么脏！"

原本妈妈只是对清洁问题发脾气，这样一来就开始牵扯到了其他事情。烦躁的妈妈甚至开始讨厌女儿。

如果妈妈把一直以来对孩子介意的这些事情，当作是父母的必经过程，心里就会舒坦多了。

把"麻烦"这个烦躁的原因想成是"不可以发生的事情"，就会引起愤怒。不要觉得"为什么连这种小事都做不好……"而应该就事论事，就不会产生愤怒。

"凡事都要顺我的意"，这种心理就是产生愤怒的原因。因此父母在教训孩子之前，应该学会倾听自己的内心。

孩子的成绩没有想象中的好，或者孩子的行为不够礼貌，或者孩子没有遵守父母的标准，父母就做出"忍无可忍"的判断并生气，原因就在于父母有很强烈的欲求，希望凡事都要顺自己的意。

小贴士

我们应该明白，问题的症结不在于孩子，而在于父母自身的欲求不满。

积极看待事物

对待那些爱调皮捣蛋的孩子，责备训斥不仅不是个好办法，还会对子女教育产生负面影响。

下面给大家举个例子。

调皮的七岁儿子在家里玩棒球时不小心把窗户打碎了。平时就被儿子的淘气弄得焦头烂额的妈妈大发雷霆：

"和你说过在家里不能玩球吧？现在就这样，真不知道你长大后会变成什么样？"

如此一来，儿子打消了要做个听话乖孩子的念头。他本来会努力改正自身错误的，但因为妈妈的一句话而认定自己就是一个坏孩子。在听到妈妈严厉训斥的同时，孩子心里也会怨恨妈妈，从而产生逆反心理。这样就更不可能听妈妈的话了。

孩子看到父母发火时不会反思自己的错误，相反会产生逆反心理，抱着"我就这样了，我一直都是这样"的消极态度，时间长了就会形成叛逆性格，养成不良习惯。

当然，父母对孩子发火，孩子或许也会出于害怕而表面上变得温顺乖巧。但那仅仅是一时的。

长此以往，父母教育子女就常常要依靠发火。到最后只能把子女培养成一个"父母不发火就不听话"的孩子。

以上就是愤怒所产生的负面效果。愤怒不能解决任何问题。经常发火的人不会就此而平息怒火，反而会因为对现实不满，将自己的生活弄得一团糟。

那么，假若抑制住内心的怒火，生活就会变得美好吗？当然不是。认知心理学家建议，与其压抑内心的愤怒，不如将愤怒的源头，即总是将事情往坏的方面去想的念头断绝。当孩子不听话的时候，与其对他胡乱责骂，不如先找回自己的理智。

不要动不动就发火，试着静下心来告诉孩子为什么不能在家里玩

球，为什么不能欺负弟弟。下次即便孩子再犯同样的错误，父母也要耐心包容他们。只有这样，孩子才不会对父母产生距离感或者怨恨。

　　如果孩子不小心打破了盘子，妈妈就责骂说"你怎么变成这样了"，那么孩子会认为妈妈只知道训斥自己。

　　相反，如果说"有没有受伤？下次小心点"，孩子反而会为了报答妈妈对自己的信任而小心注意。

小贴士

即使责骂训斥孩子，也要确保先将积压在内心的愤怒完全消除。这是父母在子女教育中应具备的重要品德之一。

13

区分子女的品格和行为

传世名著告诉我们：尽量把事情往好的方面想，如果有怀疑的地方，就尽可能从有利于对方的角度来解释。

拉比参孙拉斐尔·赫希曾这样说过：

"即使你亲眼看到别人犯罪，亦或是你信任的人挑剔别人的缺点，你也无权审判他。只有你心中的爱才有这样的特权，而这种爱对于站在审判台上的人来说，就是最值得信赖的律师。律师的义务是尽可能宽恕那个人的行为，最起码也会尽全力寻找可以酌情处理的可能。"

请尽可能将所有的事情朝有利于孩子的角度来解释。孩子叫不来，说不定只是因为他没有听到而已呢。

不要随意错误地推测，认为孩子"故意听到了还不来，是在反抗"，而应想成"应该是有原因的吧"。

如果孩子在游乐场玩耍，一直到太阳落山了都还没回家，不要发火说："你怎么这么倔，都不听妈妈的话！"

而应站在好的角度想："看来孩子舍不得和小伙伴分开呀。""孩子应该在游乐场玩得很开心呢。"

当然，大人也不能一味纵容孩子想玩多久就玩多久，而应该平心静气地告诉他："我知道你很想在游乐场玩，但太阳下山的时候就应该回家吃晚饭。"

该说的话要毫不犹豫地说出来，但请千万不要用否定的判断来批评孩子。

越是这种情况，父母的心胸越应该开阔。孩子的行动不是光靠几次责骂就可以改变的。请记住，即使孩子自己想要改变，也需要一定的时间和力量才能办到。

很久以前，一位著名的"拉比"就曾这样指责过："某老师对调教了三四次还不听话的孩子发火，这种做法太过急躁了。"

当孩子不听话时，或让你感觉好像是故意让你为难时，请试着保持宽容的心态。

看到孩子欺负弟弟，请试着如此思考："他并不是为了让我生气而故意这样，只是想要引起我的注意。"

好吵！

　　面对不听话且嚎啕大哭的孩子，在严厉训斥之前也请同样思考一下："他并不是为了让我心烦才这样的，只是还没有消气。他还没有学会如何克制自己的脾气。"

小贴士

　　即便是再不听话的孩子，当他们认识到自己的行为不对的时候，都会真心悔过。因此无论在什么情况下，都不要将孩子的品格和行为相提并论。不对子女发火的秘诀就在于此。

预防自身压力

　　若自己的心态不朝极端方向发展，而是进行积极正面的思考，其实是可以避免发火的。但我们难免会有精神敏感脆弱，特别是身心疲惫的时候，难免会克制不住自己的怒气。

　　肉体痛苦、心里不安、睡眠不足、疲劳等，都是让主妇发火的定时炸弹。在这种情况下，掌握几种能保持内心平和的方法就尤为重要了。

　　首先，请果断甩掉导致自身疲劳的罪魁祸首——紧迫感。

　　一下子被好几件事情所困扰的情况下，无论是谁都无法冷静下来。

　　要做的事很多，但如果抱着没有一件事情顺心的心态来处理的话，做起来会更加困难。

　　假设某天你的身体状况不是很好，而那天正好要给孩子办生日会，并且你还答应了傍晚去小姑家帮忙准备乔迁宴。你心里也许会出现以下矛盾：

　　"身体不是很好，要不生日会的食物就叫外卖吧？不行，这

样的话孩子说不定会在小朋友面前抬不起头。要不傍晚不去小姑家？但那样的话小姑又要和婆婆打小报告了……唉！这也不行，那也不行，到底该怎么办啊？"

此时内心郁闷无助的你，会有什么办法呢？

在这种情况下，首先要按照事情的轻重缓急来排序。不然这个也要做那个也要做，你只是在自我折磨，而这些都会变成你的压力。

请你在内心深处问问自己："孩子还小，这次生日会就简单过一下，另外给小姑打个电话请求她的谅解如何？或者生日会的食物就叫外卖，等身体稍微好一点，傍晚就去小姑家帮忙如何？"

事实上，你需要勇气来放下负担。你完全不需要去忧心倘若自己不准备生日会的食物，或者不去小姑家，孩子和小姑会怎么想。

琐碎的事操心得多了，总有一天会爆发。

某天你也许会突然产生这样的想法："婆家的事我每次都要去帮忙，是不是太过分了？像这样独自一人操持家务，何时才是头啊？""我也是人啊，为什么我不能发火？"

倘若心里涌出这种情绪，那一切都前功尽弃了。

尤其是之前努力克制住的怒火，一旦后面出现了什么导火线，那你就很难再保持镇定了。

小贴士

即使在这种情况下，也请你克制住想对孩子发火的冲动，冷静地表达出你现在的心情。表达感情的时候，也请尽量避免说"你们这些人，太过分了"之类的话，更不要大喊大叫。

有技巧地将自己的心情告诉孩子，他们也会发自内心地反省自己的错误。而这也给你预防以后更大的压力留出了时间。

02 第二章
世上没有完美的父母

世上没有完美的父母

　　人人都喜欢完美，自然也不能责怪为追求完美而努力的人。但问题出在对完美的过度追求上。过度追求完美的人无法容忍自己任何一个细小的缺点，往往一个小小缺点都会让他们觉得自己没有价值，以至于最终陷入残酷的自我批判。

　　过度追求完美的父母，他们的问题就更加严重了。因为他们无法容忍孩子的行为与自己不同，所以会不断受到压力的折磨。

　　珊珊今天用化妆台上的口红把脸和镜子涂得乱七八糟，仿佛印证了四岁的小孩最惹人厌这句话。妈妈不知不觉就提高嗓门大声吼道：

　　"妈妈和你说过多少遍了，不要碰这个东西。你是想让妈妈打你吗？"

　　妈妈一下子生起气来，打了珊珊的屁股。直到珊珊开始放声大哭，妈妈才恢复理智，转而自责："为什么我不能稍微理智地教育她呢？"

　　很多父母都和珊珊的妈妈一样有这样的困惑：

"为什么我总是斥责孩子。为什么我不能更理性地来处理问题？"

"为什么我还没弄清楚孩子的情况，就已经开始发脾气了？"

　　当父母知道自己的愤怒和自身的不足给孩子带来非常坏的影响时，就会更加痛苦。还会受到"为什么我总是重复这样的话""为什么我没法和孩子好好相处"之类问题的折磨。

　　"世界上没有只行善不作恶的圣人。"人类是不完美的。尽管如此，很多人仍认为父母应该是完美的。

　　圣贤们总是教导我们："虽然我们没有义务把事事做到完美，但抛弃完美的行为依然让人无法忍受。"

　　于是就形成了"要做的事情就要尽全力去做，结果成功与否并不重要"的观念。正是因为这种观念，父母在责备孩子的同时会不由自主地对自己生气，为自己的不理智产生负罪感，甚至引发愤怒。

　　就这样，父母心中夹杂了负罪感和愤怒。倘若自己做的事情不完美的话，就会非常自责或痛苦。

后悔 越短越好

即使不是完美主义者，我们也很容易陷入罪责感。这通常是犯错或下定决心不再犯同样错误的时候产生的。我们把这叫作悔改。

一位"拉比"用洗衣店来比喻悔改：

"如果没有洗衣店，衣服穿脏了就会直接扔掉了。"

如果把"自我批判"比作洗衣服，那"悔改"就是去除衣服上油污的清洁剂。

不是只有偷窃等这样的昭昭之罪才需要悔改，愤怒、嫉妒之类的坏脾气也需要悔改。

把这类坏脾气连根拔除才是上策。

悔改是否可以实行，怎样实行，都依靠人的意志。即上天赋予的选择意志的能力，是悔改的基础。

理论上来说，人类能自主支配自己的行动，但现实中常常是不可能的。人们受到基因和环境的影响，即使想要改变也无法改变。因此，我们无法否认遗传基因和环境会限制我们的行为。

但认知心理学家认为，因为人们固守习惯最初形成时的信念和思考模式，才无法改变自己的行为。但这些信念和思考模式，似乎有很多地方都不合乎常理。

这是因为我们对小时候发生的各种事情都有自己的理解，并由此形成了各自的信念及思考模式。

长大成人后，我们也要尽可能多接受符合常理的新思想。只有这样，才能从过去的影响中解放出来。

但即便如此，问题也并不是这么容易就能解决的。我们的思考，即"和自己的对话"，一般情况下都是在无意识的瞬间形成的。无论怎么努力，你都只能领悟知晓它，你若想要改变它，就会发现原来的观念已经根深蒂固，很难纠正了。

悔改，能让人暂时对自己犯下的错误进行忏悔。但若想摒除日积月累形成的习惯，首先还是应该改变自己的行为，并发自内心地希望改过。

小贴士

如果不加区别，想对所有的错误都进行悔改的话，你有可能会一蹶不振，长久陷入伤心哀叹中，并认为自己根本无法做到自我悔改。换而言之，你后悔的时间越长，自我放弃的可能性就越大。

另一位著名的拉比萨兰特曾这样说过："改变性格就像走在荆棘路上一样痛苦。"

请不要忘记，有时候后退是进步的必经过程。

人格的形成本来就是缓慢的。如果光凭自己的意志盲目改变的话，反而会将想要突破自我的决心全部消磨殆尽。

世上没有完全一样的父母

所有事情都按照自己的主观意志来判断或评价，是人们犯重大错误的主要原因。

父母往往对自己期望过高，认为以一颗宽容之心来教育子女是父母的职责，并不断向自己强调"应该再多一些忍耐"。但父母并不是天使，理想中完美的宽容并不是能轻易做到的。

此外，父母还需要对自己想法的正确性提出质疑："我为什么一直不分青红皂白地责骂孩子？"

这种想法很明显是过于夸张了。没有父母是24小时一直责骂孩子的。

确实有些父母会毫无根据一味地自我批判。

假设孩子吃饭的时候不愿意安分地坐在饭桌前，以前经常可以看到妈妈端着碗追着孩子喂。

但如今经验丰富的长辈和专家都建议，孩子在吃饭时间不愿意吃的话，不要硬塞给他吃，而是把饭菜直接撤掉。过了吃饭时间以后孩子想要吃也不给他吃。只有这样才能纠正孩子不好的习惯。但看到孩子饿得哭时，妈妈又不禁动了恻隐之心：

"虽然这样是为了孩子好，但是孩子饿到大哭都不理睬，我这样会不会太残忍了？"

就像上面的例子那样，妈妈始终只挑自己的缺点。这样的妈妈总认为自己有所欠缺。

为什么会这样呢？

虽然产生这种情况的原因很多，但其中最重要的原因应该是妈妈将自己和他人过度比较，因而产生了副作用。

对孩子太严厉会觉得自己应该温柔一些，对孩子太温柔又会觉得应该稍微严厉一些。

妈妈之间会相互比较，看看自己是不是一个合格的妈妈。

这种时候，如果另一位妈妈比自己出色，就会开始陷入强烈的自我批判之中。

小贴士

拿自己的人性价值和别人做比较并不是明智的行为。当然，想要学习他人优秀的做法是可取的。邻居妈妈如果对孩子很有耐心的话，可以观察她的行为并模仿学习。但这种模仿只有在不比较的情况下才会有效果。

喜欢得到称赞的人，相对来说陷入自卑的可能性更大。当他做得好得到表扬时，自尊心会得到满足。但一旦做得不好而遭到批评时，他会因自尊心受伤而支撑不住。

为了不让自己因为自尊心受伤而感到痛苦，请停止自我评价。

不要担心别人对自己会有怎样的评价。我们只要知道每个人都有潜在的价值就可以了。

有位贤者经常对自己说这样一句话："世界是为我而生的。"

父母犯错时请向孩子道歉

父母偶尔会对孩子发一些毫无道理的火，之后又会烦恼是否要向孩子道歉，怎么道歉。

某天，孩子在没有事先告知的情况下晚回家了。

孩子一踏进家门，一直担心的妈妈就开始朝他发火：

"你知道现在几点了吗？爸爸妈妈有多担心你！不打个电话回来，培训班说你已经回家了，你都不想想我们在家里会多担心吗？到底去哪里玩了，到现在才回来？"

孩子被吓得什么话都不敢说，只是低着头，豆大的泪珠吧嗒吧嗒往下掉。

"有什么好哭的。下次再晚回家试试！"

妈妈大发雷霆，对孩子一番斥责。

第二天，家里接到一通电话。

原来昨天多亏了孩子的帮忙，从乡下来找儿子的老奶奶平安到达儿子家中，奶奶的儿子现在特地打来电话表示感谢。妈妈这才知道原来孩子是因为帮助老奶奶才晚回家的。

没有问原因就直接朝孩子发火，妈妈对孩子产生了愧疚之心。

但真要向孩子道歉时，妈妈又开始犹豫了，她觉得父母向孩子道歉好像很丢面子。

倘若你是这位妈妈，你会怎么做呢？

即便你是父母，你也应该让孩子知道自己发火的行为是不正确的。如果父母不道歉直接蒙混过去的话，以后孩子犯错时也不会道歉，而会想着差不多混过去就可以了。

悔改不管在什么情况下都应该马上进行。只要给别人带来了麻烦就应该立即道歉。

一位拉比说过："父母犯错的时候，一定要向孩子道歉。那样

和孩子的关系也会变得更好。"

　　但若是父母道歉时一副不情愿的态度，说"妈妈对你说话是重了点，但都是为了你好"之类的话，孩子是无法学习到如何真心向人道歉的。"昨天不应该那么凶地骂你，对不起。"这样明确的道歉才是正确的。因为承认错误的态度和道歉的内容同样重要。

小贴士　　孩子会照搬父母的行为。因此如果你也认为承认错误并道歉是正确的话，就请做出表率，成为孩子的楷模吧。

对孩子**缺乏关心**时请不要自责

也许是因为很多育儿书或家教书都主张父母应该多关心孩子，所以越来越多的父母开始担忧子女的教育。特别是有工作的妈妈，会因为自己没办法放很多心思在孩子身上而自责不已。

想多点时间陪在孩子身边却无法抽身。妈妈们的痛苦没法完全用语言表达出来。妈妈一直陪在孩子身边，对孩子的教育当然有很多好处。但也不能光凭陪伴孩子时间的长短来衡量对孩子的关心程度。

可以想象一下，即使你 24 小时都在家里，你会将所有的精力都放在孩子身上吗？

全职太太们也是如此。她们也没法做到整天只待在家中照顾孩子，还有其他很多事情等着她们去做，更何况孩子们也并不希望每时每刻都被父母关注着。

当孩子希望得到关注而向妈妈撒娇时，如果妈妈只是无心地说一句："妈妈现在很忙，等一会儿不忙的时候，我们再一起玩洋娃娃好吗？"让孩子先在一旁等待。那么，也许孩子开始还会

喊"妈妈，妈妈！"
但随着时间一分一秒
流逝，他们会慢慢觉
得自己得不到父母的
关心和重视。

妈妈说等一会儿她就过
来和我们一块玩！

小贴士

当然，理论上来说，为子女腾出"特别的时间"
是很不错的。但重要的其实不是时间，而是孩子是
否坚信父母对自己充满了爱，与父母在一起时他们
是否快乐。虽然没法一直待在一起，但只要孩子认
为能从父母那儿得到不变的爱，那他们也就不需要
"特别的时间"了。

03 第三章
不要害怕别人的眼光

不要执着于孩子的幸福

事实上，子女教育说起来容易，做起来难。虽然知道应该以一致的态度来对待孩子，但有时候也会产生怀疑，觉得"这对孩子是不是太残忍了"。

一位母亲担心自己的孩子太胖，决定不给孩子吃零食了。

"妈妈，我就吃一个面包可以吗？"

"不行，你要减肥。难道你想长大后成为一个胖子吗？"

"就吃一个面包是不会胖的。"

"吃了一个就要吃第二个，从现在开始管住自己的嘴巴。这都是为了你好。"

孩子吵闹了几次都未能得偿所愿，就闷闷不乐地回房了。母亲不禁想：

你不能再吃了！

我再吃一个。

"我太过分了，不该如此伤他的心。"

像这样，当孩子因为没能得到满足而难过哭泣时，父母很容易产生"我不应该这样"的想法而心软。

父母们开始感到痛苦，开始怀疑"或许这不是孩子的错"，觉得自己可能已经对孩子犯下了不可挽回的错误，并担忧自己的教育方法是否正确。

看着在自己面前无精打采的孩子，无论精通多少育儿方法，父母心情都会难以平静。

那么，是什么让父母变得心软呢？

大多数是以下两种观念造成的：一种是认为人生的目标就是获得幸福。另一种则是觉得父母有义务让孩子幸福快乐。

他们认为，父母的角色职责就是尽一切所能帮助孩子，让孩子幸福。

也是出于这个原因，妈妈们总说"只要孩子幸福，我做什么都愿意"之类的话。当然，我们应该理解父母疼爱子女的心，世界上还有比这更伟大的爱吗？但问题是，这样的爱对孩子今后成长并没有什么太大的帮助。

小贴士

父母都希望自己的孩子幸福，但认为自己有义务让孩子幸福的想法是错误的。

虽然幸福很重要，但把幸福一股脑儿都给孩子的父母是失败的。

关于幸福，19世纪英国伟大的哲学家约翰·斯图尔特曾这样说过：

"我之前认为，幸福是一切行动规范的试金石，有了它才有人生。但现在我才知道，不把变得更幸福作为目标，才是感受幸福的唯一办法。即，不管做什么事情，只要努力，那过程就是幸福的。实际生活中，这种想法让我变得无比幸福。如果人们一味只追求幸福的话，我们的社会将会变得多么的冷漠啊！"

现代教育学家也发表过类似的看法：

"如果让子女一直沉浸在幸福之中，未来反而不会幸福。但我们身边的妈妈们仍旧这样错误地教育儿女。如果真心想要孩子幸福成长的话，首先应该将孩子培养成一个可靠、勤劳、真诚、理解他人的人。这样才能让孩子永远幸福下去。"

有时请**无视**
孩子的**愿望**

　　人本能的"欲望"或者说愿望，是永远都无法全部满足的。但为什么唯独父母会想要满足孩子的所有愿望呢？

　　大人们都知道并不是自己想要什么就能拥有什么的。孩子们也应该从小认识到这个事实。

　　我们来看看下面的例子吧。

　　英子从几天前就开始缠着妈妈买手机。

　　"妈妈，就这一次，好吗？"

　　"不行！小学生用什么手机？在学校每天都能见到朋友，根本不需要什么手机。"

　　"可朋友们都有啊。"

英子很生气，走回自己的房间并把门重重地关上。

"唉，这……"

虽然妈妈对女儿的行为很生气，但她心里也不好受。

这种时候，父母会很苦恼这样做到底对不对。

但以"为了孩子的幸福"为借口，满足孩子所有的要求，只会轻易让自己和孩子陷入不幸之中。虽然听起来可能很矛盾，但一味满足孩子的需求，反而会剥夺他们的快乐。

因为孩子们只有得到他们想要的东西时才会高兴。如果没有想要的欲望，也就没有拥有时的快乐可言。这和太容易得到就不会珍惜是一样的道理。

把孩子当作宝贝和爱孩子显然是不一样的。现代心理学虽然认为对孩子表达自己的爱很重要，但同时也强调应该严禁用宠溺来表达爱。

给孩子必需的东西才是正确表达爱的方式。甚至如果有需要，给孩子增加一定的制约也是爱的一部分。而这种以心灵上的关怀和关爱为基础的制约，并不会损害子女对父母的爱。

因此，爱孩子，并不等同于满足孩子的愿望。

即便孩子小时候父母对他很严厉，将来某一天孩子长大了仍

然会说"我度过了愉快的童年"。请朝着这个目标培养孩子吧。

现在，如果你的孩子有你无法立刻实现的愿望，请你对他这样说：

"虽然妈妈不想让你失望，但这个愿望我没法帮你实现。不管是从你的年纪，还是我们家现在的状况来看，以后再给你买比较好。如果现在顺了你的意，以后不管是你还是妈妈，可能都会后悔的。不过你知道吗？妈妈是很爱你的。"

用温柔和爱意的口吻来劝说孩子，孩子会慢慢明白父母的心意。请千万不要单纯用一句"知道吗？我都是为了你好才这样做的"来威慑孩子。

父母越让步，孩子脾气越大

当孩子的要求没有得到满足时，他们就开始边哭边发牢骚，并赌气地瞪大眼睛来表达自己的不满。这种情况下，不管你有多难过，也请不要慌张和不知所措。父母应该让孩子知道，这个世上并不是所有的事都能如他们所愿的。

很多父母会怀着为孩子好的想法狠下心来把孩子晾在一边。但一部分父母听到孩子撕心裂肺的哭声时，还是会心烦气躁而向孩子妥协，满足他们的愿望。

但如此一来就无法对子女进行正确的教育。孩子一旦用这种方法成功达到了目的，以后就会继续用这种方法来尝试改变父母的想法。

另外，也有父母因为害怕孩子吵闹，而从不对孩子说"不"，常常直接同意孩子的要求。

"妈妈，给我买个机器人吧。"

"上次爸爸不是已经给你买了吗？家里已经有好几个机器人了。"

"不要，这个和上次买的那个不一样。给我买嘛！"

孩子磨了半天见妈妈还是没有要买的意思，一下子就躺在了地上。

路人纷纷把目光投向哭泣的孩子和手足无措的妈妈。不管妈妈怎么劝说，孩子都不愿意起来。最后妈妈碍于面子，只好答应了孩子的要求。

首先，父母与子女之间的矛盾是可以避免的。但倘若孩子养成了用这种方法达成自己愿望的习惯，就会渐渐变得越来越没有规矩。

这时候父母需要耐心地向孩子解释，并逐渐找到应对的方法。

小贴士

希尔施拉比曾说过这样的话："父母不能因为子女的反抗态度而违背应该坚持的原则。不管孩子怎么哭闹，聪明的父母都应该把他的脾气纠正过来。如果因为嫌麻烦而逃避，向孩子举手投降的话，那么父母的教育可以说是失败的。"

某些妈妈嘴上说"不行"，心里却还是怕孩子会因此无精打采。这都是杞人忧天。请记住，让孩子多经历几次"泄气"的苦闷，对他们今后在这个世界上坚强活下去会有很大的帮助。

孩子对父母无礼时，必须严厉训斥

爸爸斥责了刚吃几口饭就开始玩玩具的儿子浩浩："吃饭的时候就应该坐在桌前好好吃饭。"

"浩浩啊，听爸爸的话。"妈妈看到爸爸发火，赶紧把浩浩拉到饭桌前。

但浩浩并不想放下手中的玩具。生气的爸爸便更大声地训斥儿子："你没有听到爸爸的话吗？吃饭的时候就应该坐在饭桌前吃饭！"

爸爸大发雷霆。这时浩浩突然将手里的玩具往地上一扔，嘴里说了一句脏话。

大部分孩子在生气或烦躁时都会当着父母的面扔东西或用力摔门，或者说些令父母讨厌的话，偶尔甚至还会动粗。这时候父母往往会变得惊慌失措，开始哄孩子。但这样反而会让孩子变得越来越没有耐心，更容易反抗。

虽然很难，但这种时候父母应该表现出坚决的态度，不能因为孩子的行为而迁就和让步。

如果孩子辱骂父母，就用"这种不礼貌的口气只有坏孩子才会用"来严厉训斥他们，或者无视他们，直到他们静下心来。

如果他们破坏了什么东西，先让他们到自己房间或家外面去待一会儿，让孩子克制住自己的情绪，平静下来后再教导。

偶尔会有孩子因为不顺心而打父母。他们边大声怒吼，边用脚踢，还会乱扔东西。在这种情况下，父母不能因为孩子年纪还小就轻易放过。要让他们从小就深刻认识到：只要是暴力行为，不管轻重如何，都是不可容忍的。

为了让孩子能一辈子不做"不应该做的事情"，与其对孩子表现出痛苦或愤怒的情感，不如向他们展现出理智、坚定的态度。有些父母以孩子还小为理由，迟迟不教孩子什么是规则和秩序，且认为这并不是什么大事。这种想法其实是错误的。三岁孩子都可以遵守规则和秩序，孩子越小就越要明确地和他们说清楚什么事情是不能做的。

小贴士

孩子使出暴力时，也会为自己的行为感到不知所措，害怕父母会因此抛弃自己。父母要明白孩子的这种微妙心理，让孩子明确认识到：虽然自己的暴力行为是不，但自己仍旧是父母心中的宝贝。

新款玩具
数量有限

哭够了过来。

不要**害怕**
别人的**眼光**

　　当孩子在客人面前或公众场合哭闹不停时，大部分父母都会变得急躁。

　　一天，明俊和妈妈一起去百货店。

　　经过卖玩具的柜台时，明俊看到了自己喜欢的玩具汽车。于是便开始缠妈妈："妈妈，我想要这个玩具汽车！给我买！"

　　"家里有那么多玩具了，不买！"

听到妈妈拒绝，孩子更加大声纠缠起来。但即便如此，妈妈还是拒绝了。

于是孩子干脆放声大哭。

这种情况下，大部分父母会产生"其他人看到了会怎么想我"或"平白给别人添麻烦了"之类的自责，从而变得手足无措，最后选择先将孩子哄开心。这样吵闹虽然平息了，但从子女教育的角度来说是失败的。

因为从这刻起，孩子会认为，只要自己在别人面前哭喊，就可以得到想要的东西。他们本能地明白了一个事实：自己的父母害怕别人的眼光。在公众场合用特别大的声音来哭的孩子们就是抓住了父母这个软肋。

不能因为别人的眼光或自己的面子，而对孩子没规矩的行为睁一只眼闭一只眼。如果因为太在意别人的眼光，而纵容孩子错误的行为，将来孩子的坏毛病就无法改正了。

随着子女长大，父母会越来越感觉到这种教育方式带来的局限，孩子会变得无法适应社会生活。请想象一下，孩子从小就认为世上所有人都会和父母一样疼爱自己，给自己让步，他的未来又将会如何。

　那我们到底该怎么做呢？

小贴士

　　虽然并不是每次都能行得通，但首先请将孩子带到安静的地方。如果你没有办法将他带到别的地方，在孩子自己停止哭泣之前，父母都不要摆出难堪的表情。相反，试着和周围的人说"孩子哭闹得厉害，实在对不起。现在正在让孩子改脾气，请谅解"之类的话来请求理解。

坦然地差遣孩子跑腿

现在的妈妈都很疼爱子女，凡事都亲力亲为。她们会为差孩子跑腿感到歉疚，不但不让孩子帮自己做事，有的甚至会代替孩子去跑腿。

因此也就有了孩子吃饭时让妈妈拿水，写作业时让妈妈拿橡皮和铅笔的情况。

即使没有到这种程度，有些父母也会因为"孩子有好多作业，让他打扫卫生是不是太过分了？还不如我全部做完"的想法，放弃让孩子帮忙。

这些行为都是妈妈们把孩子放在第一位的观念所造成的。事实上，父母的这种想法，最后反而会成为培养孩子独立性和合作精神的绊脚石。

如果父母态度暧昧的话，只会让孩子和父母之间产生微妙的矛盾。让孩子去跑腿，却又觉得很丢人。无法确信自己决断的父母只会让孩子逐渐产生不信任感，最后开始放肆起来。

妈妈身体不舒服，开口对孩子说："孩子，把饭桌上的碗收拾一下好吗？"

"不要！这是妈妈应该做的事情，为什么要让我做？"孩子生气地说。

这时候，你就会有"我是怎么把你拉扯大的……之前对你如此疼爱都没有用"之类的想法。

这都是妈妈一直把孩子放在第一位而忽略了自己所造成的。如果当时早点转变思想，把差使孩子跑腿当成是为了孩子好，而不是为了自己，也就不会造成如今痛苦的局面了。

有些事情不想做但因为孩子央求而答应做的行为也不好。

孩子让你朗读每天都读给他听的童话书，而此时你非常不情愿。

这时候要是孩子再三地催促，你就会发火："知道了，再等一会儿……你要再这样缠着我的话，我就不读啦！"

万一你和孩子说了这样的话，即使你后面读给他听，他还会开心吗？

孩子比其他人更能敏锐地感知妈妈的心理，所以这种情况下，他完全不会感到高兴。

小贴士

请不要觉得自己答应孩子不合理的请求后，孩子就能觉得幸福，还不如直接说："很抱歉，妈妈以后给你读好吗？"以此来询问孩子的意见。也许孩子会很高兴地同意或者虽然有点难过，但愿意等以后再听。

好吵！

51

不要害怕被 **子女讨厌**

有的父母因为孩子不喜欢，即使是正确的事也会选择不去做。因为他们害怕孩子会产生反抗心理，或对父母产生厌恶之情。有些父母甚至只要孩子稍微表现出一点不满，就认为自己不是合格的父母。

　　如果想成为好的父母，首先应该将满足孩子的需要和父母的职责区分开。父母的职责并不仅仅是满足孩子的需要。

　　好的父母有时候也会把孩子弄哭。而你这时完全没有必要为孩子的"妈妈我讨厌你""再也不要和妈妈一起玩了""妈妈，你这个笨蛋"之类过分的话而感到伤心难过。这只是孩子将父母的人格和父母的行为弄混了而已。

　　即使孩子有一些不满，也绝对不能因此而动摇。这是在教育子女时，父母必须要遵守的一条规矩。大部分父母都认为只要自己够认真努力，孩子就会得到幸福。但是，这种想法其实是很不现实的。因为父母无论再怎么付出，孩子都有可能感到失望。

　　假设要给身体不舒服的孩子吃药。

　　妈妈为了能让孩子健康起来愿意做任何事情，但喂到孩子嘴边的药，孩子怎么也不肯吃。

　　孩子还朝着逼自己吃药的妈妈大发雷霆："讨厌，我不要！"

　　而妈妈由于这句话受到伤害，就放弃了让孩子吃药的念头。

　　再大一点的孩子也是如此。虽然父母认为是正确的，但孩子却觉得麻烦而拒绝。为了表达自己的意思，以各种牢骚和凶狠的样子

来动摇父母的意志。这时他们并不是憎恶或讨厌父母，只是自己产生了不快的感觉而已。

好，现在我们来定个规矩：

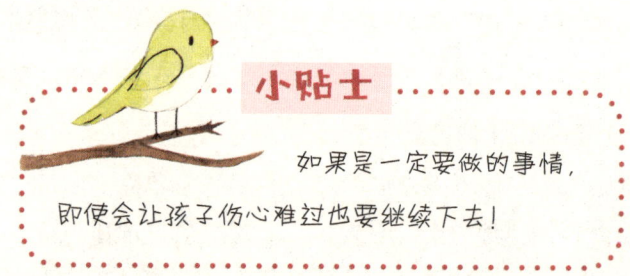

小贴士

如果是一定要做的事情，即使会让孩子伤心难过也要继续下去！

大部分情况下，孩子都对父母决定的事情不满意。如果你是很宠孩子的家长，请记住：你这种想法可能会带来相反的结果。

不需要每件事
都和孩子解释清楚

只要有理有据地说明原因，大部分孩子都会理解。相反，如果父母说的理由不能让孩子信服，他们也会出于习惯毫不客气地追问到底。

下面是小学一年级的女儿和妈妈之间的对话。

"妈妈，我要给琪琪买生日礼物，给我100块钱吧。"

"小孩之间买礼物还要100元，拿50元去吧。"

"50元太少了，其他小朋友也都说要送100元的礼物。"

"不行。对你这个年龄来说，50元已经算很多了。"

"这些钱买不到什么东西。"

"总之不能超过这个金额。"

其实那天妈妈碰巧只带了50元。但妈妈认为没有必要和女儿说明情况。这样看来，妈妈的行为是否太独断了。只要和女儿说清原因，问题不就解决了吗？

小学一年级的女儿可能无法理解妈妈所做的决定。因为用50元

买礼物已经足够，只是妈妈自己的主观想法。

结果孩子一直追问为什么，妈妈只能不断寻找解释的理由。这时候如果妈妈说"其实我身上就带了50元"，那妈妈之前的话就都变成了谎言。所以，一开始就应该和孩子说我只带了这么多钱，而不是用"50元就够了"来搪塞。

如此一来，孩子会不断抓着妈妈的话来追问下去："为什么没有钱？""为什么100元太多？"

这时候，即使孩子提出反驳，大人最好也不要再和他们多做解释。因为这样不知不觉就会让孩子养成爱和父母吵嘴的习惯。

和孩子说话时，请不要对孩子发火或者摆出很凶的表情，语气要和蔼温柔。

小贴士

　　如果孩子持续不断地问"为什么"，不如委婉地在孩子面前表现出自己心里的不快，比如说："你一直抱怨下去的话，妈妈心情也会不好的哦！"如此一来，就向孩子传达了"虽然我说的理由可能让你不满意，但父母做的决定你还是要接受的"的意思。

即便是和孩子说一些他们能理解的简单理由，也还是有可能演变成一场争吵。举个例子，晚上很晚的时候孩子吵着要吃冰激凌。

妈妈觉得孩子可能理解不了"太晚了还吃东西对身体不好"，于是就换成了："现在不是睡觉的时间吗？"

孩子并没有接受，而是问："为什么晚上就不能吃冰激凌了呢？"并且就这个问题开始无休止地向妈妈提问。

其实妈妈只是担心孩子第二天拉肚子，她也知道晚上吃冰激凌是可以的。

如果妈妈开始就和孩子说大晚上吃冰激凌的话容易拉肚子，是可以避免这场口头战争的。

歪曲事实对于父母和孩子都不好，而且编造的理由只要稍有不当，孩子就会很敏感地抓住追问到底。所以，不歪曲真正的原因并无视孩子的态度，才是最好的办法。

叫 第四章
称赞和鼓励能改变孩子

称赞也需要**诀窍**

孩子从出生就希望得到肯定。从刚出生的婴儿经常会哇哇大哭就可以看出，他们本能地希望从父母身上得到称赞和疼爱。孩子做了好事就积极地称赞他，那他自然就会明白做什么会让父母高兴。

特别是在重要的人面前称赞孩子，效果会更加明显。

如果孩子白天帮助妈妈打扫了卫生，那到晚饭时间家里所有人都坐到饭桌前时，请说一句："你们知道今天嘉嘉做了什么值得表扬的事情吗？"

她今天帮我打扫卫生了。

嘉嘉今天做了什么事情呀？

爸爸要配合地摆出一副吃惊的模样问道:"嘉嘉今天做了什么让妈妈满意的事?"妈妈就说:"今天嘉嘉帮我打扫了卫生!"

以此方法来表扬孩子。

另外,如果孩子早上自己穿好衣服去上学,就可以对孩子说:"等傍晚爸爸在家的时候,我会向他夸奖你今天自己一个人就把衣服穿好了!"这样称赞的效果会更好。当然,对于大一点的孩子,比起称赞,我们可能更多的是责骂他们。但请记住一点:一次称赞比十次责骂更容易让孩子产生变化。

当在家里一个劲儿上蹿下跳的孩子稍微安分的时候,别忘记称赞一句:"真乖啊。是不是听了妈妈的话,安静地玩耍了呢?"

称赞也需要训练。否则,不经意间你就会错失称赞的好机会。另外,父母对孩子的引导也很重要,要给他们创造得到称赞的机会。比如说让孩子自己倒牛奶,如果孩子动作小心,没有将牛奶洒在外面,就应该及时肯定他的努力。

最有效的称赞方法就是使用具体、恰当的语言。

称赞的时候请夸奖行动本身,尽量避免使用"做得好"或"真乖"之类空洞抽象的话。称赞教育的目标就是用具体的表扬来告诉孩子哪些事情是正确的,让孩子能不断做出正确的、能得到他人认可的事。

倘若只是抽象地称赞孩子的人格，孩子就无法明确知道自己做什么能得到父母的认可。因此必须要让孩子知道自己做的具体哪件事能得到父母的称赞。

家里来客人，孩子不吵闹安静坐着的时候，说一句"你今天真乖"，会让孩子高兴得不好意思，但以后还是会对自己怎么做才算正确而感到迷茫。倒不如向他一一指明他哪些事做对了，效果会更好。

相反，称赞不当的话也会产生负面影响。过度或不恰当的称赞不能给孩子带来特别的效果。比如他清楚意识到"我没有做能值得表扬的好事情，因为跑腿回来之前我打了弟弟"。

小贴士

父母如果过度夸奖的话，很容易变成对孩子的讥讽。

虽然人人都喜欢被称赞，但更合适的做法还是称赞孩子具体的行为。因为孩子们听了和自己行为不符合的称赞，可能会认为父母别有目的。

根据情况来

鼓励孩子

宝宝的字真漂亮!

我写得好不好?

父母的鼓励能让孩子更热情和自信地投入新事物。但孩子成功与否并不应该是鼓励的目的，鼓励主要是为了给他们增强信心。下面为大家介绍几种鼓励的方法。

给予帮助的鼓励

这种鼓励方式主要指，当孩子要适应某种新环境的时候，向他们一一说明并亲身示范。待孩子理解之后，就慢慢放手给他们自己

尝试的机会，只有必要时再在一旁加以帮助。

孩子做功课遇到难题时，妈妈不要代替他做，只需一句给予帮助的鼓励就可以给孩子带来很大的力量。

孩子处在困难的时候，虽然用"没关系，你一定可以做到的"或者"没有那么难"之类的话语安慰能有一定效果，但用"这件事好像真的很难，你已经很努力在做了呢"这类先肯定孩子的方式效果会更好，同时告诉他们"万事开头难"也是很不错的。孩子会因为这种鼓励而更加奋发努力。要是再附上几句类似"只要解开几根鞋带，脱鞋子就方便了"这种形式的提示，孩子就能走出脱不下鞋的窘境了。

信任的鼓励

相信孩子的判断也是对他很好的鼓励。

让孩子加入家庭对话并发表自己的意见，是表示对孩子充分信赖的好方法。

像"小心，要掉下来了"或"小心，要弄坏了"这种让孩子事先注意的没用的话还是尽量不要说了。如果有必要让他们小心时，也请用"不把牛奶倒满杯子是不是更好呢"这种委婉的方式吧。

建设性的鼓励

父母对孩子正在做的事情提出批评的话，很容易让孩子内心受伤，应该向他们提出有建设性的建议或其他方法。如果孩子把妈妈的脸画得很奇怪，不要说"这画的是什么啊"，而要说"这里要是画上鼻子的话，妈妈看上去应该会更美呢"，这样孩子会更容易明白。

指出画得好的部分，对孩子说"这部分画得很不错，其他部分也能画得一样漂亮吧"，这就是给出了建设性的鼓励。

包含称赞的鼓励

用心去发现孩子的优点吧。

如果孩子只是拼错了单词，但字写得很好看，请不要说"怎么拼写得乱七八糟"，而应该称赞说"字写得真漂亮啊"。这样会更好。

除此之外，通过"这画的颜色用得真好"或"什么时候钢琴水平进步了这么多"等细节发掘孩子的优点并鼓励，效果会更显著。

警惕孩子的**自满**和**胆怯**

鼓励和称赞能给孩子带来自信。但等孩子到了能正确评判自己行为的年纪，鼓励和称赞就需要注意了。应该让他们成为听了称赞不会自满，也不害怕失败的人。为了达到这个目的，父母要教会孩子始终对自己拥有的能力和才能感恩。

如果对成绩优异的孩子说"以后不要和成绩不好的小孩一起玩"，孩子会光以学习成绩来判断人，很容易变得自负。不管孩子成绩多好，都要让孩子时刻保持谦虚的态度。

智者也曾告诉我们："即使你学识丰富也不要觉得自己很伟大。每个人都是为了学习而生的。"

父母在孩子做得好的时候也不应该自满，而应心怀感激。特别是想炫耀自己孩子聪颖过人时应该克制，成为孩子谦虚的榜样。

为了让孩子不害怕失败，应该告诉他学校成绩并不是决定个人价值的全部。学习成绩好固然不错，但并不代表一定能成为出

色的人才。就像"人的价值是在努力的时候体现的"一样，成功或失败只不过是一个结果而已。

小贴士

父母不要用"不管什么事情都要做到完美"来给孩子施压，还要注意孩子是否自己在给自己压力。要知道，失败也是一种学习。要教会孩子，即使失败也不要给自己烙上失败者的烙印，更没有理由因为失败而受到指责。

用多种方法来奖励孩子

奖励只是让孩子做更多好事的一种手段，因此我们给孩子奖励的东西也并非一定是实物。

假设孩子遵守和妈妈的约定，坚持打扫自己房间一个月，就可以去最喜欢的游乐园玩，或允许他们晚睡或尝试自己做简单的食物等，只要是孩子喜欢的事情，都可以作为奖赏的内容。当然，还可以允许他们玩平时不能玩的玩具或游戏。

总之，多关注孩子平时喜欢做什么，就可以选出最有效果的奖励。但奖励的内容如果一成不变的话，也不能引起孩子的兴趣，也就达

不到应有的效果。另外还会让孩子认为父母是在逼迫自己听话。因此，父母需要克制自己的情绪，根据各种实际情况进行判断。

对上幼儿园或小学的孩子来说，打分是很有效的方法。

首先，将分数板贴在显眼的地方，然后告诉孩子计分的规则。比如照顾弟弟 10 分，帮妈妈跑腿 8 分，不乱发脾气 10 分等。各种行为累积的分数相加起来的总分就可以兑换奖品。而奖品可以选择孩子喜欢的漫画书、小玩具、自动铅笔等，也可以不是实物。

对于幼儿来说，最有用的是好看的**贴纸**。

只要孩子做了值得表扬的事，就奖励一枚贴纸。其他的奖励对于他们都是没必要的。

如果想教孩子整理自己的东西，也可以采取以下办法：早上根据孩子的表现给他零花钱。但如果没有收拾好东西，或者上学准备没有做好的话，就按照约定的惩罚金额来扣除。

小贴士

给孩子奖励并非是十全十美的方法，也需要**慎重**使用。一开始可能会有效果，但随着时间流逝，效果会越来越差，最终只能停止。这样一来，孩子很有可能会重回原本的行为模式中。

为了减少这种事情的发生，也为了让孩子养成新习惯，减少奖励是最好的。如果每次帮母亲跑腿的时候，孩子都索要特别奖励的话，不妨考虑更换奖励的内容："你因为跑腿做得很好已经拿了不少奖励了，不如换成别的奖励吧。妈妈一周给你读一本书怎么样？"

05 第五章

爱的表达也有两面性

偶尔也请果断斥责

很多父母认为斥责孩子是不爱孩子的表现。但犹太人相信，责备孩子是真正爱孩子的表现，甚至还有不责备子女就是讨厌子女的说法。

孩子刚出生时，完全生活在自己幼稚的欲望和本能中。而父母在教育孩子摆脱以自我为中心的思考方式过程中，难免会出现打骂和斥责的行为。

假如孩子去邻居家玩，在没有得到允许的情况下将朋友的东西带回家，父母就应该严厉批评：

"不经别人同意就把别人的东西带回家是不对的。赶紧去朋友家把娃娃还了并向她道歉。"

即使孩子哭得很可怜，在她没有认识到自己的错误之前，父母仍有必要严厉对待她。

当然，作为父母，斥责孩子并不是容易的事情。

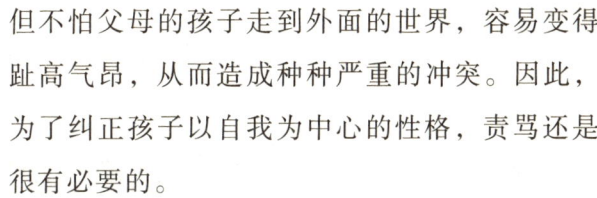

你是不是拿了别人的东西？

但不怕父母的孩子走到外面的世界，容易变得趾高气昂，从而造成种种严重的冲突。因此，为了纠正孩子以自我为中心的性格，责骂还是很有必要的。

不过，斥责孩子并不是要将孩子骂到抬不起头来。在贤者的教诲中有这样一句话："左手甩开，右手拉拢。"右手象征着对孩子关怀和理解等爱的直接表达，左手则象征着制约和斥责等爱的间接表达。

希尔施拉比说过："教育应该关爱和严苛兼备。'拉拢的右手'占上风是不可取的。但过于严厉的教育也是行不通的，孩子只会反抗。"

小贴士

其实所谓伟大的教育，只有用父母对子女始终如一的爱才能实现。

责骂的时候也请遵守原则

训斥子女的时候，即便是为了他们好，也要明确告诉他们目的。另外，不管说什么责骂的话，都要保持表情明朗和声音温柔。还要让他们明白，父母的责骂是为了他们的将来，要理解父母的良苦用心。

下面是父母责备子女时应该遵守的几点原则。

时机

在责骂前，很有必要先给孩子一点时间做好挨骂的思想准备。比如，孩子和弟弟打架时，妈妈不要马上冲出来责备，而应改用严厉且沉着的声音说："回你房里好好想想你到底犯了什么错，然后再出来和我谈谈。"

倘若孩子做了坏事父母却默不作声，孩子会认为这是父母默许了他的做法。

除了婴幼儿以外，适当地等待比立刻斥责更好一些。一小时左右，有时甚至一天或两天都可以。给双方一些冷静的时间，父母才能和子女真正地开诚布公地聊天。

某位老师在斥责子女和学生之前，会预留出充分的时间让自己的愤怒完全消失。

一次，他的一个孩子做了很坏的事，他在两周后才去训斥他。

这里要注意的是**千万不要在别人面前责骂孩子**。尽量不要让孩子有难堪或羞愧的想法。

不要发脾气

我们训斥孩子的目的是为了让他反省自己的行为。但倘若父母一边发火一边责备的话，就不能达到这个效果。如果因为孩子把已经学过的数学题又做错了，父母就大发雷霆，但这并不能帮孩子解开数学题。

因此，请父母把发火留到孩子真的做了严重的错事时再用，即使这种时候也请注意，尽量让自己的情绪保持平静。

受伤没？下次小心点哦！

让他们意识到父母的期待

在责骂孩子的时候，要将自己希望孩子能变好的期望传达给他。

有位贤者说过这样的话：

"要正确引导做坏事的人有两种方法。首先是让他知道自己做的是坏事，另外就是让他明白，即使他做了坏事，仍旧有人爱着他，对他充满善意。"

要是希望孩子能顺利成长，就应该让他们了解父母的这种期待。不能让他们有父母放弃自己之类的误解。

父母一想到孩子养成了坏习惯就容易发火。

"你这个孩子总是顶嘴。"

"你一直都是牢骚很多的孩子。"

"没有责任感""拖拖拉拉""顽固不化" 等这样指责的话从父母嘴里说出来并不好。它们就好比是让孩子放弃自我的毒咒。

责骂时先想想"怎么开口"

谁都不愿意被指出错误，孩子也不例外。贤者曾说过："要以他们能接受的温柔话语和指责让他们明白错误。"

一两句简单粗暴的批评和真诚地指出错误有着天壤之别。怎么说比说什么更重要。请尽量保持内心平和，用包含感情的话语适当指责孩子。

下面是一个责骂的例子。

"妈妈要说几次你才能明白？为什么我都已经说破嘴皮子了，你还是这副德行？"

请想象一下这种带有攻击性的语言，对子女会产生多大的影响。并请想一想，同样的话如果用和蔼的语气说出来会有什么不同。语气或者表情有时候比话语更有威慑力。这点请大家一定要注意。

请试着对着镜子说三遍"不可以这样做"。第一遍是生气的，第二遍是有点烦躁的，最后一遍是和气的。即便是孩子也能立刻领悟到这三遍之间的差异。

沉重的叹息、令人讨厌的表情、紧闭的双唇，这些都会让孩子感到害怕。父母的这种态度会将消极的情绪传递给孩子。读懂父母的脸色是孩子的本能，光凭这些，他们就能感觉到马上要听到一些

让人不高兴的话了。

即使孩子做了坏事，也最好避免使用"不是叫你不要这样做吗"之类使人陷入窘境的责备。

假设五岁的孩子在洗碗的妈妈旁边拿着玻璃杯玩耍。如果妈妈喊："不要拿着玻璃杯玩！"那么，非但不能向孩子传达自己害怕玻璃杯摔坏弄伤他的担忧，反而会让孩子认为是讨厌他。这当然会伤孩子的心。还不如说："玻璃杯摔坏的话会受伤的，所以去玩别的东西吧。"

父母在纠正孩子的行为时，一定要向他们说明具体的原因。

"为什么你们每件事情都要妈妈去给你们收拾残局？"这样的抱怨不会有任何效果。相比之下，不如把孩子叫来，直接说："你们可以帮妈妈洗碗吗？"

和孩子交流的时候，握住他们的手，或者把手搭在孩子肩膀上，都可以增进和孩子的感情。适当的时候，还可以说些让孩子心情愉快的话：

"当然也有可能是你忘记了……"

"也许你没能考虑到这一点……"

"虽然在那种情况下让你克制情绪很难……"

"虽然这不是你的本意……"

用这种话让孩子坚信，父母是认可自己在不断努力向上的。

有时一句"妈妈失望了"也可以充分表达责备。"虽然我不说你也应该知道，刚才你的态度很不好，相信你自己也能明白"等这样温柔的表达也是可以的。

光是父母失望的表情就可以传达"要是再做好一点的话就好了"的讯息。请根据自己孩子的性格来决定用什么样的责备达到理想的效果。

对感情敏感细腻的孩子，温柔的责备最有效果。

七岁的孩子故意把弟弟的玩具弄坏后，要是妈妈喊："你为什么这样？嗯？如果别人把你的玩具弄坏你心情会好吗？"孩子也许会说："虽然这样，但是弟弟先来惹我生气的。"

相反，若是等到孩子做好要挨骂的准备后，一句"孩子，你刚刚对弟弟的做法是不对的。你知道吗？"就能让普通孩子立马哭起来。根据情况，有时候用两三句话就能让父母顺利走入孩子的内心。

小贴士

孩子偶尔也需要听些严厉的话。因为如果父母对孩子过于温柔，那么一些无关紧要的玩笑也许都会被孩子误以为是刁难，从而心灵受到伤害。

如果责骂后没有反应，
请耐心等待

　　父母找孩子说话孩子爱答不理的情况并不少见。这并不是子女不在听。他们虽然在听，只是没有心情回答而已。

　　孩子在父母温柔责备后依旧辩驳的情况也是有的。这并不能说明他的内心没有悔改。事实上他也沉浸在自责中，只是还没有勇气来直接面对。

　　不能把所有的辩驳都当作是坏的。如果辩驳没有说服力，子女自己其实也明白，父母就没必要特别指出来了。

　　孩子因为晚上熬夜看漫画书，第二天早上起晚了。妈妈向慌慌张张穿衣服的孩子不断追问：

　　"你晚上又熬夜看漫画了？"

　　这时候，大部分的孩子会辩驳说："我没看漫画，是熬夜学习了。"

　　与其追究"学习？你以为妈妈不知道你在说谎吗？抬头看着妈妈的眼睛再说一遍。看了还是没看"不如和孩子说"早上起来不想太累的话，下次还是不要那么晚睡吧"更为合适。

　　父母要注意不要让孩子有强烈的愧疚感。什么话都不让他们说，光用斥责的语气来教育他们的话，孩子也可能会慢慢失去悔过之心，甚至就连想勉强辩驳的想法也会消失。

　　孩子们有深深愧疚感的时候，反而会因为逆反心理而对父母发火、产生敌意。因为，他们认为都是父母的缘故才让他们的心情变差。因此，若让愧疚感长久留在孩子心里的话，他们的习惯反而会变得更差。

　　这种情况下说"你现在心情好像很不好，等平静下来后再谈吧"也许是最好的方法了。

　　等孩子心情平静下来后，就请和他说："刚才妈妈心情不好所以才责骂你的。但你不把妈妈说的话放到心里去，光大声哭是不行的哦。"

孩子挨骂后心里会非常难过，会认为自己做了坏事而自我反省。

为了缓和孩子们的愧疚感，请温柔地安慰他们："想想看，你是不是也有不对的地方呢？"

但有时这样做可能会让孩子对父母的斥责不放在心上。

甚至挨骂后会顶撞父母："我不知道，随妈妈你怎么做吧！"这时候可以温柔地摸摸孩子的肩膀，和蔼地说一句："我知道你心里不是这么想的，我就当你没有说过。"

小贴士

要改正孩子的行为首先应该教育他们。但当责备几次都没有效果的时候，适度的惩罚也是必要的。惩罚并不是最后的手段，而是为了教孩子养成好习惯而偶尔使用的重要方法。批评和惩罚都是孩子教育中的一部分。

轻微的**体罚**有时候也管用

　　一般情况下，法律禁止打人。但在教育上，有时父母迫于无奈做出的体罚也是有效的。连贤者拉比也告诉我们，教育孩子要用鞋后跟打。因此在不对孩子造成伤害的前提下，轻微的体罚是可行的。

　　体罚只可以在父母为了让孩子以后不再做坏事的情况下才能使用。而无论什么情况，父母都不能对孩子用酷刑。

　　经常打孩子也是不可取的，因为以后父母可能会为此付出代价。但如果将体罚的目的和底线跟孩子说清楚，就不需要担心有后遗症了。以教育为目的而打孩子并不是残忍的事情。

　　另外，倘若孩子知道父母打自己的用意，他们也就不会憎恶父母了。父母也不用担心孩子会模仿自己去攻击别人，或者做出其他冷酷的事情。

　　请告诉子女，和他们挨打的疼痛相比，父母不得不打孩子的心更痛。

　　孩子在挨打之后，内心会变得混乱不清。这时候就更需要确

认父母对自己的爱。所以请在打完孩子后，尽快向孩子表达自己真挚的关爱。

下面和大家分享一位妈妈用轻微体罚达到教育效果的经验之谈。

这位妈妈的五岁儿子有一个坏习惯，动不动就会对其他人骂脏话。因为父母都要上班，孩子由奶奶抚养长大，白天大部分时间都在小区的游乐场玩耍。在那里，他将附近大哥哥们说的脏话统统学会了。某天父母看到孩子骂人的样子，大吃一惊。

好长一段时间里，每次他骂脏话，妈妈都会口头警告他："不要说这样的话！"

但这种方法的效果似乎不是很好。

即便妈妈和他解释骂人会让别人的心情变得如何差，但孩子的坏习惯依旧没有改变。

直到有一天，孩子在挑剔饭菜口味时被妈妈说了两句，就突然开始对妈妈爆起了粗口。

妈妈虽然很生气，但还是拉着孩子的手，温柔地说道："难道你不记得我之前和你说过不能再说脏话了吗？来，再想想当初和妈妈的约定。"

然后妈妈拿起棒子，轻轻地在孩子手上打了几下。

孩子挨打后立刻大哭起来，并且持续了很久。

至此之后，孩子就再也没有对谁说过脏话。

小贴士 虽然上面举的是成功的体罚例子，但不论什么事都用打孩子来解决的话就不合适了。动不动就用打孩子来威胁他们也是不对的。体罚应该是轻微的，并且要有节制地使用。

要有技巧地惩罚孩子

有些父母不希望看到孩子难过，惩罚孩子的时候总是犹豫不决。但如果把惩罚看成是帮助孩子纠正错误行为的良药，就不会再踌躇不决了。

有些关于子女惩罚的讨论中，有人认为如果父母拿出威严来对待孩子，子女就可能会产生报复心理。当然这种观点也不是全无道理，但如果父母能做到不意气用事，就无需有这种担忧了。

贤者曾说过这样的话：

"孩子不听话的时候，父亲马上发火并惩罚孩子，这只能称作报复。"

虽然是自己的子女，但如果他做了坏事，就用惩罚来报复他，这也是不恰当的。因为孩子还小，还很敏感。父母稍微凶一点，都会对他们的心灵产生严重的打击。

有时用平和的态度就足够让孩子得到惩罚。这时孩子也能知道自己到底是为什么受到惩罚。另外，提前将惩罚内容告诉他们也是不错的方法。

下面是几条惩罚时的技巧，供大家参考。

去自己的房间待着

如果孩子犯的只是小错误，那这种惩罚就比较合适。

如果孩子在客人面前没规没矩，就温柔地对他们说："去你自己房间待会儿。等你不再大吵大闹，平静下来以后再出来。"必要的时候，可以直接拉着孩子的手带他回房间。万一过了一会儿他出来仍旧没礼貌，请这样对他说："看来你还是没有明白妈妈的话呀。再回屋里去吧。"

如果要让孩子到房里去，父母需要提前定好时间。因为大部分孩子会在反省结束之前就问"我现在可以出去了吗"，并准备走出来。

在孩子走出房间之前，再和他们强调一遍"如果不能保证安静老实的话，你还是要再回房间去"，这也是比较明智的做法。

另外，如果孩子不进房间的话，就警告他如果不照做就会给他其他惩罚。举例，可以让他自己决定"是去房间，还是一会儿放弃看你喜欢的动画片？"

要惩罚的内容必须是可以实施的。对不想进房间一直赖在客

厅里的孩子，如果父母面无表情地告诉他说待会儿不让他看动画片，那么孩子就会觉得要是现在不听话接下来一定会后悔的。

夺走他的权力

如果孩子没有整理自己的房间，就可以适当惩罚。比如说，一旦发现没整理的话，那一周的零花钱就会相对减少。但如果孩子还是不整理房间，或经常做一些没规矩的事情，那么禁止他们外出玩耍也是一种方法。虽然妈妈看到孩子闷闷不乐，会觉得自己做了不好的事情。但如果用这种方法能让孩子的态度变好的话，那狠下心做的决定也就值了。

默默地等待

尊敬父母是子女最基本的义务。因此当子女轻视父母时，给予惩罚也是理所当然的。

三个小时里不和孩子说一句话是很有效且合适的惩罚方法。为了让孩子意识到自己的错误，提前将惩罚内容告知他，效果会更佳。

　　"从现在开始三小时内妈妈不会和你说话。你居然骂妈妈是笨蛋？这种习惯很不好。所以这是给你的惩罚。"当然对幼儿的话，三十分钟就够了。

　　请无视孩子听到惩罚后发牢骚或者边哭边撒娇的行为。另外，惩罚结束后，也不需要说其他的话，和原来一样就好。

　　也不要马上用"现在知道妈妈是多可怕的人了吧"这类的话来劝慰孩子，否则反而会让他们撒起娇来。

对孩子受罚后的反应要果断

　　父母在惩罚完孩子后，请不要对孩子的反应犹豫不决。受了惩罚的孩子，即便没有报复性地对父母发火，心里也会很不痛快。这时，如果父母无视他们的话，他们就会意识到这种行为根本没有任何意义，也就会放弃这种做法。

　　当然，有些孩子会抱着"不管怎么做都没用"的态度，对这种孩子也请无视。但如果孩子用拿东西砸父母等暴力行为来反抗的话，就不能放任他们了。

偶尔要让孩子陷入窘境

为了有效纠正孩子的习惯，偶尔也需要将他们置于不安的状况下。必须要让他们明白，如果做了坏事，最后的结果肯定不会好。

儿子因为睡懒觉上学迟到了，被老师责备后伤心地回了家。

一到家，他就找妈妈一番质问：

"就因为妈妈你早上没有叫我，害得我迟到了。你知道我今天被老师骂得有多惨吗？"

"你把这个怪在妈妈身上就不对了。你昨天玩游戏睡晚了，所以今天早上才迟到的。应该是你的责任，为什么怪妈妈？"

妈妈这番话说得孩子哑口无言，只能撅着嘴。

像这样对孩子做错事导致的结果佯装不知，也是很不错的方法。孩子把衣服到处乱丢的话，就不帮他洗衣服。孩子每次饭点不肯乖乖吃饭的话，就有必要让他知道，过了饭点就吃不到饭了。

当然父母还可以用一些小动作让孩子陷入窘境之中。

如果孩子有随处乱放钱包的坏习惯，就把他钱包藏在不起眼的地方。如果孩子不喜欢刷牙，那无论他们如何央求，都不给他们吃

巧克力或冰激凌之类的东西。这种身处窘境的经历也能让孩子学着让步。因为他们意识到，如果不听妈妈的话，自己以后会更遭殃。

小贴士

即便是惩罚，也请在明确的警告之后再实施。

举例来说，孩子去别人家玩的时候没规矩耍脾气，如果不分青红皂白就惩罚他禁止外出的话，很容易让孩子产生报复心理。

这种时候，应该事先温和地说一句："再捣蛋的话下次不带你出来咯。"以后再犯相同的错误才惩罚他，这才是最明智的做法。

不要过分强调尊敬

　　孩子本来就是以自我为中心的，根本不会关心父母的想法。他们认为父母从小对他们倾注的爱是理所当然的，对父母也不会心存感谢或敬意。

　　他们认为父母为了抚养儿女长大，可以做出很多牺牲和奉献，这一切都是出于父爱或母爱的本能。

　　因为孩子也有自我意识，所以严重的情况下，父母为孩子的将来而做的努力也许会被他们当成压力。这种孩子讨厌父母的权威，甚至会反抗，也不太愿意做那些父母认为孩子必须要做的事。

　　教会他们尊敬父母是一件很难的事情。

　　父母要想得到子女的尊敬，就需要以下几点智慧。

　　首先要和他们强调"尊敬父母并不是为了父母，而是为了自己"。即便孩子无视或不听父母的话，父母也不能随意做出带有感情色彩的判断。与其将注意力放在孩子对自己的成见上，不如多关心孩子的成长过程。

　　父母责备孩子"对父母不够尊敬"的时候，也要注意不要让孩子产生"你为了得到尊敬故意这样"的想法。如果孩子对妈妈不礼

貌，爸爸在一旁劝告也不失为一个好方法。试着和善地敦促孩子"赶紧给妈妈道歉，请求她的原谅"。

另外，请记住一点，尊敬父母是父母和子女双方的责任。如果子女有义务尊敬父母的话，父母也有责任为子女树立值得他们尊敬的榜样。

一位贤者拉比谈及父亲的教育方式时说过这样一段话："我们并没有被强制要求必须尊敬父母。虽然父亲像朋友兄弟一样对待我们，但我们都乐意去尊敬他。"

不尊重孩子的父母，也无法得到孩子的尊重。

六岁的熙熙想玩涂鸦游戏，但妈妈却不允许。

"为什么啊？我想玩呀。"

"不行，今天不要玩了。"

"因为妈妈今天心情不好才不让我玩吗？"

"好吵，小孩子懂什么。而且谁让你在妈妈说话的时候插嘴了？"

不管孩子年龄有多小，他都是一个完整的人格体。父母用"年纪还小""学习不好""你还是不知道为好"这类的话无视或不尊重孩子的话，就很难得到孩子的尊敬。相反，父母应该爱惜孩子，给他们亲身示范。父母自己树立榜样才是最有效果的教育。

另外，也要注意夫妻之间的相处态度。如果双方之间表现出不尊重的态度，净说些疑心刁难的话或庸俗的笑话，或阻止对方说话等，那么让孩子如何向父母学习呢？

孩子耳濡目染父母的举动并模仿学习。因此父母可以说是子女的镜子。有时夫妻间有意见分歧的时候，把孩子拉进去也是不对的。特别是一方不要当着孩子的面批评另一方的教育方式。当然并不一定只是教育问题，只要有意见不合，就应该在子女看不见的时候私下讨论。

小贴士

请记住，在子女教育之类重大事情上，夫妻之间是相互帮助相互依靠的搭档关系。

只要求孩子做他们能理解的事

过分的要求会让孩子产生排斥和反抗心理。即便是平时很听话的孩子，如果父母提出了过分的要求，他们想要积极配合的心态也会消失殆尽。

父母一般会对学习好的孩子施加过多的压力。

"果然是我儿子，这次又拿了第一名。你长大后肯定可以成为一名医生，不要让妈妈失望哦。"

因为妈妈期望过高，孩子就一直害怕自己成绩下降，压力很大，稍不注意，还有可能会让他们对父母产生反抗心理。

父母向孩子提要求的时候请慎重，并明确底线。

如果要求过于独断严苛，反而会给子女带来独裁者的不好印象。

希尔施拉比曾这样说过：

"不要和孩子强调那些无用或不重要的事。尤其是对孩子无害的小事，就让孩子按自己的意志去做吧。但是如果是父母认为一定要做，可孩子讨厌做的事情，即便孩子找很多理由辩解，也一定要让他们做，或孩子想做但无论怎样央求父母都不能同意的事情，请父母绝对不要改变自己的意志。"

请谨慎使用"不行"这个词。只要不会对孩子的生理或心理造

成伤害，都可以让他们尝试一下。

　　禁止或许可某事的时候，如果父母态度得当，结果也很不错的话，孩子就能清楚地明白这并不是凭父母的意志变化、支配欲、或单纯的顽固来决定的，而是依据父母对自己深厚的关爱做出的决定。

　　如果对孩子的限制和要求太过分，就会产生反作用。因此父母有必要降低自己的要求。相反，若是对孩子必须坚决禁止的事，无论孩子怎么央求也绝不能允许他们做。

　　有些父母有时候为了避免冲突，会允许孩子随意乱来。这种行为只是父母在自贬威严。

　　有些妈妈即使在平时对孩子说"绿灯亮的时候才能过人行横道"，但赶时间的时候，就算孩子闯红灯，妈妈也会睁一只眼闭一只眼。这样

红灯不能走！

一来，孩子就会认为自己不听父母的话也没关系。

当然根据情况不同，也会有很多特例。但即便如此，孩子们也不会感激一直娇惯自己的妈妈；甚至会出现一种极端情况，就是再也不听妈妈的话了。

为了避免这种情况发生，请父母制定出孩子可以明白的规则。

最后，父母对子女的要求标准是根据子女的成长而不断变化的。因此父母要充分考虑到这些因素，给出一个可能的范围。如果父母没有信心，不妨和身边有经验的父母讨论一下。

快走！快走！

99

不要过于**强调**父母的意志

如果孩子因为某事难过，父母就想马上加入进来说说自己的意见。这种做法就是无视子女的感受，只考虑自己的感受。子女也理所当然会对这样的父母产生叛逆心理。因此，在此之前，请父母试着问问自己："如果我是孩子的话，我想听到什么样的话呢？"

要想让对方感同身受，就要先站在对方的立场上换位思考。

假设你是抚养四个孩子的家庭主妇，整天都和孩子打交道，弄得筋疲力尽。

丈夫回家后你就摆出疲倦的表情，诉说自己"现在累垮了"，但丈夫却回答："我早就说过吧？你太过了！你现在做的事情至少有一半都是没必要做的！"

想到连丈夫也不能体谅自己，你大概会很生气。

本来期望丈夫对自己说一句："很累吧？今天事情还是很多吗？孩子我来哄，你休息一会儿吧。"

即便是相同的话，如果夫妻间形成共鸣，妻子也就不会受伤

了。但上面情况中丈夫反而对诉说自己疲劳的妻子提出了建议，因此引起了妻子的反感。

同样，想要和孩子产生共鸣的话也需要训练。在说出自己建议之前，先站在孩子的立场感受一下。请克制住急切想要帮孩子解决苦恼的冲动，安静地听孩子把话说完。

上完钢琴课的儿子哭着回到了家，抽噎着对妈妈说："我讨厌练钢琴。实在是太难了。"

如果是以前的话，妈妈直接用"有这么难吗？让你哭成这样"来劝慰孩子就可以了。

但这次情况不同。因为前几天妈妈曾经和钢琴老师说孩子的教材太简单，拜托她换上稍微有点儿难度的曲子。

妈妈估摸了下事情原委，努力迎合儿子的心情进行劝慰：

"是吗？原来是今天学的曲子太难了。"

"嗯。"儿子回答道。

"看来你学得真的很吃力啊。"

"嗯。"儿子又只说了一句话。

这时的孩子已经知道妈妈明白自己的心情，也就停止了抱怨。

另一个例子：

对十三岁的儿子而言，很早以前就有一个问题一直困扰着他。他很讨厌每月班级组织的同学聚会。

每次孩子抱怨"去了也没什么事情做"的时候，妈妈就会卖力地劝说孩子：

"不管怎么样还是去看看吧，今天也许很有趣呢。"

"不要，我不想去！"

最后妈妈的嗓门越来越大，孩子只能悄悄逃到别的地方去。

但有一天，孩子说"今天我不想去"的时候，妈妈这样说道：

"我知道你不喜欢去同学聚会。但去那里总比在家一整天都无聊地度过好啊。"

孩子什么话都没说就走出了房间。

妈妈本以为他是回自己房里看书，但马上听到了门打开的声音。

看来孩子是去参加同学聚会了。

首先要理解子女的**抱怨**

要想和孩子建立互相理解、融洽相处的氛围，首先应该聊一些他们感兴趣的内容。这里有一点值得注意的是，尽量不要推翻或无视孩子已有的认知。

如果孩子说"妈妈，蒸蛋太咸了"，不要用"你知道啥"来回答他。至少应该从尊重子女意见的角度来回答。

讨厌！
我不要吃！

父母和子女都想表达各自的观点，各执己见从而导致吵架等矛盾不断产生。孩子说食物太咸的时候，如果父母表示认同，效果反而更好。

重要的不是让孩子吃，而是尊重他们的意见。富有营养的食物是应该让孩子吃，但如果他说太咸，可以随口附和说鸡蛋里确实就有一点咸味。当然如果这样说了孩子还是不想吃，那就不要强迫他吃了。

再给大家举一个和孩子特长有关的例子。

妈妈认为孩子很有画画的天分，但孩子对画画却毫无兴趣。

这时候如果妈妈说"不要对自己没信心，打起精神来"或者"没关系，不用担心"来鼓励孩子，那么在战术上已经失败了。孩子反而会因为这些话觉得自己的感受被无视，从而和妈妈产生距离感。

这种情况下，不如直接说："你心里怎么想？觉得自己不适合画画吗？"以此来试探他内心的想法。说不定还有可能成为一种刺激，孩子会更加努力地学习画画。

在顾虑孩子感受的时候，有些地方也需要注意。

理解孩子并不是完全认同他的观点。偶尔也会有无法迎合的时候。

孩子从幼儿园回来就嚷着说再也不要和朋友一起玩了。这时如果妈妈顺着他的脾气说"好，那就不要玩了"，反而会让孩子更加生气。

请记住，孩子也需要独处。只要问一句："你在生气吗？现在不想说话吗？"就可以知道孩子是想和你说话还是只想一个人静一静了。

孩子心情抑郁的时候，有时也会想和父母说说话。

比如孩子骑自行车摔伤了脚踝，感到不安的时候，如果父母一句话也不和他说，孩子可能会因为觉得自己的脚踝永远也不会好而感到焦躁。

这时候，即便孩子生气地说"我什么话都不想说""我想自己待一会儿"，父母也要用肯定的语气告诉他们"这不是什么大事，不要担心"。

或许孩子心里也渴望听到这句话。

请减少子女**不想听**的建议

无论父母如何担心，也需要给孩子通过自己的经验来学习的机会。这也是孩子人生中必须要经历的过程。过于干涉的话，只会让孩子讨厌父母，不管父母怎么劝告都会反抗。

如果是必须要提的忠告，也请用明智的方式提出。已经遭到拒绝的建议，就尽量不要再重复了。

小学一年级的女儿如果晚上很晚还在看书，妈妈用担心的语气叮嘱道："看书虽然好，但太晚睡对身体不好。"正看在兴头上的孩子肯定会回答："没关系，我再看一会儿就睡了。"

妈妈还想继续向女儿传达自己的担心。但在女儿看来这些话不过就是唠叨。不管妈妈心里怎么想哄女儿早睡，也请说"我相信你可以自己看着办的"就可以了。

有时要想向孩子提一些他们不想听的建议，妈妈可以直接问孩子"这件事情妈妈来提个意见好吗"或"你猜如果是妈妈的话，会怎么做呢"，是比较好的方法。这样一来，孩子不会因为没用的劝告而痛苦，妈妈也不会因为建议被拒绝而心情不好。

　　如果父母说的话，孩子都用"嗯，但是……"的句式来插话反驳的话，就要格外注意了。这表示孩子不想听，就请暂时终止对话。如果被抓住话柄，也不要表现出不快。因为孩子希望父母认同他们的想法，所以才会不断提出各种理由。

　　如果想要孩子听取自己的意见，首先要表现出理解孩子的态度。例如用"我知道你说的意思，但是……的话怎么样"之类的句式。如果孩子还是不听，就尝试用"知道了，考虑下……看看"来对话。这样，孩子因被父母说服而感到自尊心受伤的不安会减轻很多，也会试着采纳父母的意见。

　　孩子要不断经历挫折，才会明白应该多听父母的建议。但即便如此，父母也绝不要对孩子长篇大论地说教。

　　为了参加美术学院举办的写生比赛，妈妈和孩子一起赶往比赛现场。

　　母亲认为要马上出发，以便预留出充足的时间。

而孩子则认为到比赛场地一小时就够了，所以只要在比赛前一小时出发就可以了。

但当天由于堵车，他们最后迟到了十分钟。

这时，妈妈不要用"看吧，妈妈说什么了"或者"不听妈妈的话，最后吃亏的还是你自己"之类的话来说教，而应说："下次我们预留充足的时间出来，早点出发吧。"

这样下次再去任何地方，孩子都会听妈妈的话了。

如果父母在孩子心情不悦的情况下劝告，孩子说不定会把这误当成是父母批评自己不聪明。孩子一般在想得到同情时，或想敞开心扉聊天时，或想确认自己所想事情是否正确时会去找父母。这时候，父母只需不时说"是吗"或"知道了"来应和一下，用耳朵倾听就可以了，之后孩子会自己去解决问题的。这样认真倾听子女说话的方法，在子女"自我告白"的阶段会产生很明显的效果。

孩子希望得到建议时，没有必要马上就回答他们。用"你认为怎么做比较好呢"这种形式反问他们，让他们自己寻找解决的办法。如果子女回答"不知道"的话，就用"你有想过……吗"形式的回答来缩小范围。为了不让孩子用肤浅的想法决定重要的事情，父母偶尔从旁提出建议也是可以的。

孩子上了一个月钢琴课就想放弃。

这时试着用"这不像是你冷静思考过后的决定哦，你确定不会后悔吗"来询问一下。

另外，这种情况下最好一开始就和孩子说清楚，最后的决定权在他们的手上。

孩子犯了重大错误的时候，请马上指出来。

十几岁孩子的零花钱，通常都花在买衣服或者给朋友买礼物等大人认为没用的地方。

这时，可以直接跟孩子说："妈妈认为你零用钱都花在买衣服上了。虽然买衣服也是很重要的，但希望你能把钱花在更有意义的地方。"这样，和孩子具体传达父母的想法更为恰当。

那么，孩子也会尊重父母的建议。

当然，父母也是人，也有判断错误的时候。这种情况下，请不要犹豫，直接道歉说："对不起，我想错了！"在孩子面前承认错误，既不会损害父母的威严，也不会失去孩子的信任。相反，孩子会更加相信这样的父母。

有些话**不能**对孩子说

虽然孩子主动帮父母做事是最好不过的，大部分情况下只要孩子能帮忙，父母都会觉得很高兴。但如果孩子发牢骚，请不要用"我不指望你出于对妈妈的喜欢才帮妈妈的。你能帮忙就不错了"或"不管你喜不喜欢，你只要把垃圾扔掉就可以了"这种句式来说话。

吩咐事情的时候，如果对孩子摆出一副果断坚决的态度，孩子的态度也会慢慢转好。和孩子真诚地敞开心扉聊天也是不错的选择。

一位妈妈对孩子说："你说讨厌洗碗的时候，妈妈的心里很难受。"

孩子听后说："我不知道你会这样。"

过了一会儿孩子又过来问妈妈："妈妈心里难受为什么不早点说出来呢？"

父母不要对不肯帮忙的孩子说"那从现在开始，你的事情你自己看着办"或者"不想帮妈妈打扫房间？那我也不帮你做任何事情"之类的话。因为这些话听上去就好像是报复孩子。

　　另外值得注意的是，父母不能随意左右孩子的态度。孩子不愿意帮忙做事，是他不懂事造成的。孩子不想帮忙就让他待在一边，有时候孩子自己会慢慢想明白。

　　一位妈妈没有对讨厌打扫卫生的孩子唠叨，反而在他面前表现出一副很享受打扫的样子。她打开音乐，身体随之摇摆，愉快地擦着桌子，整理书籍，嘴里还哼着"哆唻咪"的音调。她把无聊的打扫变成了愉快的享受。一周后，孩子也开始饶有兴趣地帮忙打扫了。到最后，他已经完全可以一个人打扫房间卫生了。

小贴士

有时候比起几句话，父母的亲身示范更容易成为孩子改变的动因。

07 第七章
培养乐于助人的孩子

教导孩子：**慈善**是人类的道义

"布施慈善"是人际关系的一把钥匙。展现慈悲之心并不是什么伟大的事情，而是每个人必须做到的义务。

慈悲心有"主动"和"被动"两面。前者是帮助别人，即为了他人的幸福而努力。后者是为别人考虑，即不让别人的情感或财产受损。

帮助别人和为别人考虑不是天生就会的。父母有责任在孩子心里种下慈悲的种子。让孩子体会到这种精神的方法有以下两种：

首先是父母亲身示范，但光有这个还不够。还应该在实际生活中给孩子创造实践的机会，而家庭就是实践的最好场所。

春节给孩子压岁钱的时候，试着说：

"你攒的钱已经把储钱罐都装满了呢。"

"储钱罐满了的话能做什么呢？"

"做什么好呢？你想想看。"

113

我要妈妈！

　　妈妈要给孩子自己决定的机会。孩子一开始想到的可能是平时想要的玩具和零食，但过一会儿就会想起前不久在电视上看到的孤儿小朋友。

　　"妈妈，我想起来了。我要帮助那些生活困难的小朋友。"

　　"是吗？我女儿的决定真值得表扬。"

114

　　像这样，首先在家庭中获得帮助别人的经历，孩子的自信心和成就感也会随之产生，对孩子自身也有很大的帮助。

　　心理学家鲁道夫·德雷克斯说过下面的话：

　　"应该让孩子从小就在家庭生活中主动做慈善。这也是培养他们社会关注度和合作精神的重要方法。而且孩子会逐渐产生自信，从而主动帮助别人。"

小贴士

　　家庭就像一个团队。每个家庭成员重视各自的角色，家庭才能保持和睦。社会也是如此。人是社会性的，无法单独存活。如果考虑对方的感受并且互相宽容，就能更加紧密地一起生活下去。让孩子形成分担责任的意识，是子女教育中很重要的课题。

即使会很麻烦
也要让孩子帮忙

大部分孩子都希望能帮父母做事。在帮忙的过程中，孩子能感觉自己仿佛成了一个大人。但是有时候孩子帮忙反而会妨碍父母。因为孩子会把做事情当作玩游戏，不会像大人一样集中注意力，导致事情更不能很快完成。

因此孩子即便帮忙，最后也会因父母看不下去而过分干涉，或干脆就不让他们帮忙了。

小学二年级的孩子在妈妈短暂外出间隙帮妈妈洗碗，结果把碟子摔碎了。

妈妈回家正巧看到了这个情景，不管三七二十一就开始埋怨：

"哎呀，这是怎么回事？这个碟子我多珍惜啊！没让你做的事情你干嘛要做？谁让你洗碗了？让你去学习你不去，日子没法过了！"

孩子原本是想帮助妈妈，结果却挨了一顿骂，只好伤心地回到自己房间。

觉得孩子没帮上忙反而很"碍事"，这是因为父母只注重效率，没看到孩子想要帮忙的单纯动机。

小贴士

不管孩子有多笨拙，也不应该对他说"不行，你做不到，最后还是会搞砸的"，应该给孩子机会。帮助别人也是帮助自己，父母没有权利剥夺他们的机会。

有些父母想等孩子长大一点，能胜任一些事情的时候再让他帮忙。但遗憾的是，那时候孩子已经长大不听话了。如果不想出现这种情况，即便事情会变得很麻烦，也请允许孩子一起帮忙吧。

孩子虽然小，但也能做端碗擦桌子之类的小事。到五六岁的时候就可以洗碗或做其他事情。即使孩子个子不够高，也可以多使用支架或凳子。这种训练虽然会花费不少时间，但绝对值得，适合在孩子很小的时候开始，因为孩子长大后就很难再养成习惯了。

即便你认为孩子帮忙做家务的时候就和过家家一样，也请不要介意。这只是他们乐在其中的表现。如果你明白做事的快乐和合作的重要性，就会觉得还有什么比这种方法更好呢。

另外，有些妈妈认为"长大了以后都需要干活儿，不如趁孩子小的时候让他们尽情玩吧"，所以不太愿意让孩子做事。但这样会让孩子认为做事情很麻烦很辛苦。这种想法很危险。因为抱有这样想法长大的孩子，很容易变成不愿意帮助别人和关怀别人的利己主义者，以后在人际关系中也容易有障碍。

不要**请求**而应**命令**孩子帮忙

请求孩子帮忙的方法对孩子今后帮忙的态度有决定性的影响。拜托孩子做事的时候，最好避开"能帮我……的话就好了"这种句式。因为这种话是以父母的希望为中心的。温柔坦然的请求是最恰当的。与其说"你是个好孩子，应该愿意帮妈妈把垃圾扔掉吧"，不如说"把垃圾倒掉吧"。

一定要避免"能不能帮我拿点卫生纸"或者"如果你现在没事的话，能帮我跑个腿吗"之类的请求。这样会给孩子传递出父母担心孩子是否乐意帮忙，或者这样请求是否恰当等不自信的态度。

不要用"愿意帮我洗碗吗"而应该用"过来帮我洗碗吧"更为合适。

因为前者的情况下，如果孩子说不愿意，就没有其他办法了。另外，吩咐的时候并不一定要说成是帮忙，可以直接说"你收拾一下餐桌吧"或"你切一下黄瓜吧"。

有时"如果你帮忙……我会很感谢你的"形式的话也很有用。

但这绝对不是哀求孩子帮忙。另外，也没有必要说明父母是多
么筋疲力尽，这样很容易会被孩子认为是辩解，一句"帮下忙"
就够了。请求帮忙时不需要说明原因。

　　下面是育有三个孩子的妈妈讲述的经验。

　　老三出生的时候，妈妈就毫不犹豫地开始让老大和老二帮忙做
家务。

因为她认为自己无论如何也无法一个人胜任这么多家务。

妈妈给孩子喂奶的时候，老大就洗碗，老二就打扫自己房间。

最后老三顺利长大，另外两个孩子也充分认识到互相帮助多么重要。

小贴士

无论多累多忙，也请温柔坦率地要求孩子帮忙。父母应该注意尽量不要让自己的声音听起来愤怒或焦躁。例如说"过来收拾下桌子"的时候，如果表情和语气很僵硬，会让人产生压迫感。如果孩子觉得父母在批评自己的话，他们也就没有帮忙的心思了。

对孩子表示**感谢**

如果得到了孩子的帮助，请记得向他们表示感谢。这也是向他们示范得到他人帮助时应该怎么做，但表达尽量不要夸张。

孩子打扫自己房间的时候，母亲如果说"哎哟，我女儿真好。果然是世界上最棒的"，孩子也许就不会认为打扫是她理所应当做的事，甚至会怀疑自己不做也没关系。

另外，如果称赞成了习惯，孩子就会容易形成没得到表扬就不舒服的性格，还会固执地认为自己做的所有事情都是值得表扬的。不仅如此，如果自己做的事情没有得到父母和周围人的认可，内心就会觉得失落。如果是小事，一句"谢谢"就够了。如果是需要经常做的家务，连"谢谢"也可以不说。

表达感谢的时候，请注意不要把帮忙和孩子的品格混为一谈。

比如称赞的时候，如果说"你帮忙洗了碗，真是个好孩子"，就很容易让孩子误以为帮忙是为了得到认可。

相反，用"你很认真，做得很好"或"今天多亏了你，妈妈没有太辛苦"

之类从客观角度上来称赞的话，孩子就会意识到自己所做事情本身的价值。

小贴士

最重要的是要依据实际情况来称赞。如果称赞和事实不符，或事情没有称赞的那般有价值，孩子听了心里也不会高兴。

如果他们意识到自己和父母嘴里所说的"好孩子"不一样，有可能会用冲动的行动来表现自己无法成为父母所期待的样子。

不要责备找借口的孩子

　　孩子也会有不想帮忙的时候。如果孩子坚决拒绝跑腿的话，大部分父母也只有心软。毕竟他们也不想逼孩子做不想做的事情。

　　父母之所以会这样做，可能是因为自己小时候被逼着去跑腿，内心留下了不快的回忆，或者可能是怕孩子对自己有怨言。

　　因此，孩子不愿意帮忙的时候，父母就会让步，说"如果你真

不想做的话也没关系"。他们不想听到孩子抱怨，觉得自己做会更好，但这样一来，就不要期望孩子有合作精神了。

相反，有些父母若孩子不想帮忙就会发火。

"为什么皱着眉头？你不想跑腿？"

"妈妈一个人打扫卫生，你倒是四仰八叉地躺着睡觉！"

"好了，没关系，我自己做！"

这些难听的话，会让孩子的内心受到伤害，即使原本想要帮忙，最终也会放弃。结果就变成父母给孩子贴了"不帮忙跑腿就是坏孩子"的标签。

很多父母虽然责骂批评孩子，他们内心还是很自责的。但请记住，孩子和大人一样，在很长时间里已经养成的行为模式和习惯是不容易改变的。即便用比责骂孩子更有效果的方法让孩子帮忙做事，孩子的态度也不会马上改变。而如果孩子态度没有改变，父母又会像之前一样抱怨或表达不满，斥责孩子态度恶劣或者自责自己作为父母不称职。

这样一来父母和子女之间的矛盾只会恶性循环。因此，请不

要过早地对孩子下判断。如果让孩子帮忙，孩子不是很情愿，父母也最好直接无视。

如果孩子用"太累了""作业太多"等来作借口，那么首先请理解他们，不要不高兴。一边表情温和地说"来洗一下菜吧"，一边轻轻抚摸下孩子的脸，说不定事情就解决了。

小贴士

即便孩子明确地用"不想做""不愿意"来拒绝，也请不要激动。绝对不要说"不想做，这到底是什么意思？妈妈让你做你就应该做啊"之类的话。应该过些时候再和他们温和地讲道理，告诉他们应该听父母的话。

孩子理应做的事
就不要承诺奖励

有些父母为了提高孩子帮忙做事的积极性，会给孩子零花钱或奖励。正如前面所说，为了让孩子养成良好的行为习惯，奖励也是一种方法。但家务事这种理应帮忙的事，就没有必要奖励他们了。

如果经常给奖励的话，孩子首先会期待"做这个能拿到什么奖励呢"，如果每帮忙做一件事就给一个奖励，父母和孩子之间的关系就被歪曲了。父母不是已经给予子女很多东西了吗？给子女提供表达谢意的机会也是很重要的。

应该让子女明白理应尊敬父母，并为了家庭这个集体扮演好自己的角色。因此，买东西或扔垃圾等事情也只是子女应该履行的义务而已。帮忙做一点家务就承诺给点心或零花钱，只会妨碍孩子形成家庭责任感。

如果想让孩子做他们不愿意做的事情，那就有必要尝试多种新奇的方法。

下面是一位妈妈的经验之谈。

"我家小孩很喜欢和我一起做菜，但很讨厌洗碗。'某天，我洗好碗之后用剩下的洗洁精在他面前展示了吹泡泡游戏，他觉得非常有趣。从此之后，为了玩吹泡泡游戏，他也开始积极帮助我洗碗了。"

少唠叨多等待

有些小孩虽然没说不想做，但经常会发牢骚，临阵逃脱，或者借口忘记就不做了。如果孩子应该做但没有做，妈妈就会烦躁起来，并向孩子发火："你怎么能就这样眼睁睁看着妈妈做，自己什么事都不做呢？"但这只会产生反作用。这种情况下请相信，不是孩子性格不好，只是他们习惯不好。

请帮助他们改正这种坏习惯。放低声音和孩子说："爸爸或者妈妈让你做什么事情的话，你就应该赶紧去做。怎么总找相同的借口呢，这是你的义务呀。如果你当时正在忙着做其他事情，可以先问下妈妈'做完这个再做可以吗'。这样妈妈也会理解你的。"

当然，拖延症并不容易纠正，孩子并不会马上就按照父母说的来做，因此，一定要有耐心。

避免"到底要我说几次才能明白？拜托我说的时候认真听"之类的话。另外在使用"妈妈拜托你了，洗一下碗吧"类似的表达时，稍微强调下"拜托"来传达父母的焦急。不管怎样，重要的是父母不要认为"孩子答应帮忙却又偷懒都是父母的无能"。孩子是非常

敏感的，因此很容易被父母的话影响。

有时也可以给爱偷懒的孩子制造一些适当的机会。给花浇水的时候，可以顺手把洒水壶递给他。准备晚餐的时候，顺口说一句"孩子，碟子"就够了。

用纸笔记录也是不错的办法，如果能把记录给其他兄弟姐妹看的话，效果会更好。大家可以试着把要做的事情做成一张表格。如果当天是孩子擦窗户的日子，但他忘记了，父母就可以说："今天是做什么的日子呢？我们一起来看看表格吧。"

如果孩子一直想偷懒，而且不喜欢和兄弟姐妹玩的话，就请和蔼地告诉他，所谓家庭，就是内部一个个成员扮演好各自的角色而形成的共同体。同时，请教导他相互协作和各自努力的重要性。

一般来说，这样教育完以后，父母应该耐心地等待一段时间。但有时也需要直接试探一下孩子。这时候

请不要对孩子有愧疚感。如果孩子说"你不说我也正准备这样做"，就请父母做恍然大悟状回答："对不起，我太心急了才会这么说。"

如果原本爱抱怨且不愿轻易改变的孩子开始做事了，那么无论他的动作多迟缓，打扫得多不干净，都是有进步的。这时候父母应该先肯定孩子所做的事情，至于干活技巧之类的，可以再着重进行指导。

如果让孩子擦桌子，但孩子擦完后仍旧有很多灰尘，就可以明确地和孩子说："桌子没有擦干净哦，再擦一遍吧。"但同时要把擦干净的部分指给孩子看："哇，盘子擦得很干净了，但勺子上还沾着米粒，把它重新擦一下吧。"

小贴士

父母切忌对孩子抱有完美的期待。如果非要使用批判性话语，也请使用"你应该可以做得更好"等这类带有鼓励性的表达。

吩咐孩子做事后，请不要在旁边监视他们，不要在一旁确认孩子是否做了或做得如何。孩子也希望得到父母的信任。

孩子打扫房间时，有可能会忽视一些很细节的部分。这时候最好不要用"那根头发不清理掉吗？赶紧捡起来"这种责备的口气唠叨，只需要说一句"那里有根头发"就可以了。

131

教给孩子关怀他人的方法

把东西放在原处

孩子不把用过的东西放回原处,这虽然对父母来说是一件烦心的事,但也请不要发火,应该好好劝说他们。

爸爸要看电视的时候发现遥控器不见了。

这时候与其发火说"遥控器在哪里?你为什么每次用完东西后都不知道放回原处呢",不如逐个寻问"谁在用遥控器吗?"即使找到"肇事人",也直接说"你忘了看完电视要把遥控器放回原处了吧,下次注意啊"就好了。

下次再找准机会坦然地告诉孩子,共用的东西用完后一定要放回原处,不然会给别人造成麻烦。

当然也可以告诉他,用别人的东西之前要先征求对方同意。

如果这样还是不能纠正孩子的坏习惯,那就禁止他再使用那样东西。

如果孩子用了几次爸爸书房里的订书机,都没有放回原处,那就

请和孩子说"暂时不把订书机给你用了"。如果这样说了孩子还是继续拿去用,就应该给孩子适当的惩罚。

一位妈妈经常找不到放在抽屉里的指甲刀,于是贴了一张"用完指甲刀后请放回抽屉"的便签。但是仍然没有效果。于是妈妈又重新写了一张"不要把指甲刀带出这个房间"之后,指甲刀就再也没有消失过。

整理乱放的东西

很多时候,孩子会把东西弄得乱七八糟,家里人尤其是妈妈经常会帮着整理。这时候如果妈妈一边整理一边生气地抱怨说"老是弄得这样乱七八糟让我来整理",对双方都不太好。

如果孩子把点心屑散落在房间地板上并置之不理,就让他拿块抹布去擦掉。倘若孩子用"把这个吃完就去擦"的借口来拖延,就平和地说:"现在就去弄干净,打扫完再吃不是更好?"

如果孩子回家晚独自一人吃饭,吃完也应该让他自己收拾碗筷。

如果孩子忘记收拾的话,就请叫住他,平静地说:"还没有收拾碗筷哦。"

一直替孩子收拾碗筷对妈妈来说，确实是件麻烦的事。但如果一直唠叨也不好，偶尔也需要对孩子睁一只眼闭一只眼。

让孩子明白父母的要求

父母有必要让孩子知道，光把家里打扫干净并不能让父母百分之百满意。

如果不想受到孩子打扰，想要安静地处理事情，父母应该提前和孩子说明：

"妈妈要洗衣服，然后还要准备晚饭。这段时间你就待在自己的房间里吧！"

"妈妈现在有事要做，在妈妈做完之前你就在自己房间里玩吧。"

父母有时候会因为头痛或夜里照顾婴儿没睡好，神经敏感，很容易丢失冷静。这时候只要对孩子简单说明下"妈妈现在头很痛，你先在那边玩一会儿吧"就可以了。

精神脆弱敏感的时候就更需要冷静对待孩子。

如果正忙得手忙脚乱，孩子在厨房进进出出缠着要吃的，就

和他说明"禁止吃零食"。另外，事先准备好水果或饮料放在孩子房间，也是不错的主意。

当然，如果孩子已经长大，可以让他帮忙做家务或照顾弟弟妹妹。

去别人家拜访或打电话的时候

妈妈怎样才能不受到孩子的妨碍，和别人一起痛快地畅聊呢？

很多人认为这时候如果孩子想做一些事情引起注意，父母不应该无视。但孩子正是利用父母的这种想法，慢慢做些更能引起父母注意的事，让父母无法置之不理。

即使父母没有事事关心照顾，孩子也能独自待一段时间。请记住，如果每次受到孩子的妨碍就中断和别人的谈话，慢慢就会被孩子强行插话进来。与其在聊天过程中一直抱怨"怎么这孩子这么麻烦"，不如直接告诉他"妈妈在和别人说话，不要妨碍妈妈"。

和孩子一起外出遇到熟人的时候，可以和气地向孩子征求意见："我稍微和朋友聊两句好吗？"倘若家中来了客人，就和孩子说明"来客人了，妈妈会很忙"。孩子想过来说话时，就说"对不起，妈妈现在在和客人说话"或询问"有什么急事吗？如果没有的话一会儿再说好吗"。

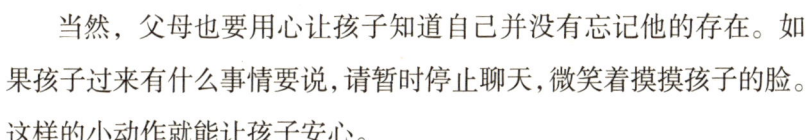

当然，父母也要用心让孩子知道自己并没有忘记他的存在。如果孩子过来有什么事情要说，请暂时停止聊天，微笑着摸摸孩子的脸。这样的小动作就能让孩子安心。

孩子哭泣或吵闹的时候，虽然把他抱在怀里暂时安抚他也不错，但最好冷静地继续对话。当场向别人批评孩子"你不知道他有多么调皮"或跟孩子说"不要烦妈妈了"都不是好办法。

电话也是问题。和面对面聊天的客人不同，孩子看不到聊天的对方，因此很容易就会过来打扰。这种时候，请暂停对话，告诉他"稍微等一下，我现在正在接电话"。这种情况下也不适合大声责备孩子。应该事先和孩子说明，只有发生了特别重要的事情，才能打断通话。但让孩子等太久也不行，因此，有的妈妈为了安排时间和孩子一起玩耍，故意每天拔掉电话线一小时。

教导孩子礼节很重要

礼节是关心他人的表现之一，贤者们也相当重视这点。但也有人认为恭敬地遵守礼节只是形式，因而不予重视。但如果不遵守礼节的话，人际关系会变得很不顺畅。

父母要想教会孩子礼节，首先应该给他们树立榜样。偶尔也可以用"你也跟着做做看"来积极引导他们。例如，如果孩子指着爸爸手上的冰激凌说"我想吃冰激凌"，就可以纠正他，让他说"请给我冰激凌"，或直接向孩子提问"这种情况下你应该怎么说呢"。

还要告诉他遇到别人时一定要打招呼。另外还要告诫他和别人说话时一定要面带微笑，表情自然。

如果孩子忘记礼节，父母就会担心别人怎么想。如果孩子看到大人的时候不打招呼，只是直勾勾地盯着对方，那就是父母失职，没有教好他们礼节。

孩子表现得无礼时，父母肯定会在一旁唠叨，但这样没法纠正孩子的行为。即使当场纠正过来，事后还会恢复原样。

因此，应该在和孩子独处的时候，详细告诉他什么叫作遵守礼节。如果孩子不对大人说敬语，就可以给他举一些具体事例，比如："如

果别人拜托你做事时说'把牛奶拿过来'或'把这个拿走',你听上去是什么感受?是不是好像被命令一样?所以希望你和妈妈一样,说'请把牛奶给我'或'请把这个拿走'。"

有时去别人家拜访时,孩子会缠着要零食吃。这时候请不要责备孩子,而是给他想要的东西,等回到家后再平静地教导他。

确定好角色提前练习也是很不错的方法。

例如,可以模拟妈妈的朋友带着礼物来家中拜访的情景,让孩子和妈妈一起练习,这样会很有趣。

"现在阿姨要来了,可能她还给你带了礼物。这时候你应该怎么打招呼呢?我们一起练习一下好吗?"

首先妈妈扮演孩子,孩子扮演阿姨,跑到门外去摁门铃。

孩子:最近怎么样啊?

妈妈:阿姨,您好!

孩子:来,拿着,这是给你的礼物。

妈妈:非常感谢!

接着交换角色,妈妈来演阿姨,孩子就扮演自己的角色。

表演结束后对孩子说:"做得很好。像这样恭敬地打招呼,阿姨会很高兴的。"

之后客人来访时,如果孩子表现得很好,一定要及时表扬他。

08

第八章
让孩子自己养成好的习惯

告诉孩子愉快整理的办法

　　第一次教孩子整理的方法时，可以教他们怎么整理玩具。让他们把玩具放到原来的位置，用"娃娃放在这里，拼图放在那里"这种形式来指导他们就可以了。

看，我整理的，

好干净呀！

　　如果要把玩具集中整理到一个地方的话，较矮的置物架比箱子更为合适。如果是有很多配件的玩具，就把它放在结实的箱子里或是幼儿园里用的那种塑料筐里。没有盖子的大瓶子也可以用来收纳东西。

　　如果孩子喜欢在妈妈身边玩耍，可以选几个玩具放进小手推车里，让他能方便地推着在各处移动。用塑料洗衣篮也是可以的，孩子可以自己把篮子从这个房间带到另一个房间，也可以很容易地收拾各处乱放的玩具。

　　告诉孩子整理物品也是一种游戏，这样孩子就能很享受整理的过程了。一般情况下，孩子能把身边的东西整理干净就很不错了。这时候父母需要做的就是给孩子适当的时间，不要对他们要求太高。

　　如果没有兄弟姐妹帮忙，那么第一次的时候请妈妈帮助孩子。之后慢慢减少帮忙的次数，这样不久以后孩子就可以独自整理了。这时候，一句"房间整理得真干净啊"就能让孩子得到鼓励，更加努力去收拾。如果妈妈愉快地帮忙整理的话，孩子也会更积极地加入进去。孩子大概四五岁的时候，就可以不依靠父母，自己整理了。因此，也请父母偶尔主动加入帮忙的

队伍。但要想孩子一直保持房间干净还是有点难的。

　　把整理时间定在晚饭前之类的时间，父母也就没机会事事唠叨，孩子也不会觉得麻烦。为了给他们充足的时间整理，最好能提前告知。比如和孩子约好在晚餐6点前把房间打扫干净。妈妈不要在孩子身边唠叨个不停，只要在时钟指向晚饭时间前20分钟的时候，询问孩子进度，提醒他不要拖太晚。

　　孩子整理完后，最好马上就帮他检查一下。称赞孩子"真不错"或"整理得很干净，等会儿晚饭的时候，我会告诉爸爸的"，就是对他们莫大的鼓励。如果收拾得不好，就向孩子指出哪里需要再整理。在整理全部结束后再开始吃晚饭。

父母首先要摆脱情绪化

　　如果有几个孩子的话，父母就很容易情绪失控。有的孩子喜欢整理收拾，但有的不喜欢。有的小孩做事干净利索，但却因为弟弟的性格完全相反而心急。孩子如果发脾气，就安静地把孩子叫过来，和他说："妈妈知道你的心情，看到弟弟房间里乱七八糟很不开心吧？但你发脾气也是没有用的，好好劝弟弟整理下房间吧。"

　　聪明的父母不应该去干预哪个孩子收拾哪个玩具等细节。因为整理房间是孩子们合作的事情。

　　兄弟共用一个房间的情况下，大部分妈妈会让哥哥负责整理，但这不是好办法，应该培养他们兄弟之间融洽相处、齐心协力的精神。

　　如果一个孩子抱怨说："玩拼图的不是我，是弟弟，为什么要我整理？"那不如就微笑着回答说："这样啊，但不管是谁玩的不都要收拾吗？"

　　如果孩子带着朋友一起来玩，在朋友走之前，也试着拜托他"麻烦帮忙整理下房间哦"。

　　要教会孩子自己整理衣服。年纪小的孩子，妈妈替他叠衣服或晒衣服。但如果孩子开始帮忙，妈妈应该鼓励孩子："把衣服都整理好了是不是很棒？你一会儿要穿出门的衣服也能马上找出来。"

　　等孩子稍微大些，就可以吩咐他独自收拾早上起床后的床铺了。如果孩子还小，可以让哥哥或姐姐一起帮忙。即便上学快迟到了，也一定要他自己把床铺整理好。

　　如果孩子不愿意叠被子，直接就去学校了，那就暂时让他去。等他从学校回来后，也不要对他说教或责备，平静地告诉他："今天早上没叠被子就出去了吧？来，现在去把它叠好吧。"

　　不妨站在孩子的立场想一想。孩子目前尚未养成整理物品的习惯。即便脑子里知道有必要，但实际生活中也想不起来要做。在他们看来，更急迫的事情是看漫画书或去玩耍，因此他们会说"等会儿再整理"，拖延到最后就不想整理了，房间也就因此变得乱七八糟。

　　如果父母一直唠叨孩子"你太懒了，房间里乱七八糟也不管"，那么孩子也会这么认为。

　　如果他用"是啊，我就是懒。所以以后不管房间怎么乱我都不会管了。这样可以了吧"这样回击的话，表明他即便知道自己错了，也不会改变自己的态度。

　　有时候这种恶性循环会持续几年。到最后连父母也死心了，说"反正是你自己的房间。不管干净还是乱，你想怎么样就怎么样吧"，这种方式是无法解决问题的。用"我也不知道"的消极方式交流，是无法继续推进该谈话的。而看到房间一片狼藉，父母就又想发火了。

　　要想纠正孩子的态度，父母首先要控制自己的情绪。不要用类似"乱得像猪圈一样，怎么找得到本子啊"这种讽刺的话。另外，心里不要认为"再这样乱放东西，连我都看不下去了"，而应该想"虽然我很讨厌东西乱放，但对孩子发火也只是伤自己的心而已，不会有任何帮助。在孩子养成好习惯之前，我先忍忍，好好教教他们吧"。

让孩子自己发现疏忽

大部分孩子不认为乱扔文具或衣服会有什么问题。这时候可以提醒一下孩子"你的书落在客厅里了"。也可以让他们"检查一下有没有东西要收拾"。如果孩子把自己的东西随便放在厨房的话，就请和孩子说"东西乱放在这里的话，妈妈就没法好好做饭了"。用"孩子，你把袜子扔在这里的话，妈妈会很辛苦呢，你说该怎么做好呢"这种形式来开启话题，和孩子相互沟通是比较合适的。

孩子如果养成随便乱扔脏东西的习惯，经常把家里弄得乱七八糟，就需要父母采取更加强烈的措施了。妈妈可以拿一个袋子，心平气和地把孩子叫过来说："赶紧把东西都收拾掉。我不想每天都重复同样的话。你这样妈妈没法每次都帮你收拾。从今以后，所有随地乱扔的东西都会被扔到这个袋子里。"然后给孩子看袋子放在哪里，可以把它挂在厨房置物架下面，或其他不显眼的位置。给孩子一种即使袋子被弄乱了也没人会管，只能那样放着的感觉。这是一个好办法。

如果孩子有把衣服或毛巾直接扔在浴室的习惯。这种情况下可以把孩子叫来，说一句"哎呀"，然后手指指一下就可以了。孩子也知道要做什么，所以也没有必要多说。

有时使用有趣的便条贴也会起作用。在随便乱扔的睡衣上贴上

"我想安静地待在枕头下面"，或者在打开盖子的牙膏上写"我想带好帽子去架子上"。这些文字比说话更有效果。

除了上面说的，父母也可以自己想一些能让孩子乖乖跟着做的有趣办法。如果孩子把书堆得乱七八糟，不如就把它们全部摆到孩子面前，跟他说"来，现在开始你就是图书负责人"。

如果孩子经常忘记自己的东西放在哪里，那么在他找东西的时候请千万不要帮忙。如果孩子说"前几天刚买的新本子不见了"，你绝对不要唠叨不停，只需说一句"听到这个消息我很难过"。这样一来，孩子对整理物品也会更加上心。因为这次丢的本子是文具用品，为了培养他们的责任心，买新本子花费的钱就从孩子的存款或零花钱里相应扣除。如果丢失的是毛衣、夹克衫、雨鞋、书包等较贵的物品，重新买的时候，孩子至少也要负担一部分金额。

如果孩子丢失衣服或鞋子的话，就不给他买新的，而让他穿哥哥或姐姐穿剩的，这也是对孩子的一种惩罚。孩子对自己的不小心也会很内疚，因此父母最好不要再过分唠叨。对于那些孩子经常会弄丢的东西，也可以在上面写上孩子的名字。

小贴士

如果孩子认为"整理收拾是妈妈的义务"，要改变他的观念也是很容易的。只需借助爸爸的力量，爸爸带头维持家里干净整洁，孩子很容易就能明白自己应尽的义务。

迟到并不是父母的错

有的家庭的早晨如同战场一样。大人孩子都因为害怕迟到而心情焦躁。

"来，赶紧起来""不要磨蹭了赶紧穿衣服""再不快点上学就要迟到了""赶紧赶紧，早饭一定要吃"等，直到把孩子送去上学，妈妈才能长舒一口气。

长此以往，孩子就认为自己上学不迟到得全靠妈妈，慢慢就完全指望妈妈了。因此某天迟到的时候，孩子和妈妈就有了以下的争吵。

"都是因为妈妈没有叫我，害我今天迟到了。为什么不叫我？"

"我叫了，你自己不起来啊。"

"啊，不管啦。你应该叫到我起来为止啊。都怪妈妈，害我今天在学校受

迟到，罚站一节课！

都怪妈妈！

罚了。"

"所以你晚上应该早点睡啊。为什么要向妈妈发火?"

大部分孩子经常会把自己睡懒觉导致迟到的责任转嫁给妈妈。这样的小孩该如何教育呢?

下面是两位妈妈的经验分享。

A 妈妈:

为了不让孩子迟到,以前每天早上都要不停唠叨。但有一次参加完妈妈们的聚会后,我就觉得"孩子现在已经长大了,不应该在他们耳边唠叨,应该让他们自己

领悟"。我没有和孩子讲什么特别的话，也没有做什么特别的事情。只不过每5分钟或10分钟，就用命令的语气告诉孩子时间。我的孩子到现在还不会看时间呢。这样几天后，孩子似乎就明白了上学迟到与否完全取决于自己。当然一开始也迟到过。但几周后就可以自己算准时间，再也不迟到了。

B妈妈：

我家的孩子们早上起床的时候只知道调皮玩耍，根本不在意穿衣服之类的事。要我一直说"赶紧起来""换衣服""孩子，要迟到了"才行。虽然我也很讨厌唠叨，但不知不觉就变成现在这样了。最后我下定了决心。准时去学校是孩子的事情，从此以后我再也不唠叨了，但孩子仍然每天早上只顾玩耍。

我就这样站在旁边看着，什么事都不做。令人惊讶的是，孩子们开始看时间了。而且当他们意识到要迟到的时候，就会迅速做上学前的准备。虽然内心还是挺希望孩子们能迟到一次，然后明白迟到的代价是什么，但孩子们再也没迟到过。

让孩子提前准备好要带去学校的东西是很好的习惯。如果孩子提前将第二天要穿的衣服收拾好，根据课程表准备好书包，检查一

遍要带的东西，忙碌的早晨就可以减少许多需要做的事情了。特别是对有婴儿要照顾的家庭来说，可以节省出不少时间。如果孩子能提早起床的话就更好了。

小贴士

即便孩子要迟到了，父母也不要去帮忙。因迟到受到老师批评的话，孩子会自我反思。最好不要给老师写孩子迟到的原因。孩子应该自己领悟，迟到不是父母的错，而是因为自己的懒惰而造成的。这样一来，以后他自然会早点起床了。

153

信箱

09 第九章
孩子是在打闹中成长起来的

嫉妒是为了确认感情

为了让孩子们不心生嫉妒，父母应注意不要过度绷紧神经。用大度的心态来对待孩子，即便他们一时有嫉妒心，也很快会消除的。

"现在谁都不管我了。"

新生儿出生的家庭里，嫉妒心的形成大概就是这么开始的。抢走幼小弟弟玩具的行为就是嫉妒心的一种表现。

"你为什么抢走弟弟的拨浪鼓？"

"这是我的东西。"

"你都那么大了还要什么拨浪鼓。稍微让一下弟弟不可以吗？"

哥哥一开始是家里的独生子，独占着父母的双份疼爱。但突然弟弟出生了，哥哥觉得自己的地位被取代，因而产生了嫉妒心。

当然不是所有孩子都这样。

与其眼睁睁监视孩子如何嫉妒，不如把这看成孩子成长的一部分。哥哥撒娇的时候，立马把原本抱着的弟弟放下反而不好。这只会让哥哥的习惯变坏。

请不要犹豫，按照你的意愿去疼爱孩子。不要有抱了弟弟，也要抱一下哥哥这种想法。

尽量让哥哥帮忙照顾弟弟，他做了什么事情就及时表扬他。这样一来他就能对弟弟养成积极的态度。当他明白弟弟很柔弱的时候，内心也会萌发要保护弟弟的意识。

这样一来，哥哥也会自然而然地想为弟弟递奶瓶或尿布。如果他想抱抱弟弟，不要因为怕危险而阻止他，可以把弟弟放在垫子上面让他抱一抱。

幸好婴儿在出生后的几个月里基本都在睡觉，因此除了物质上的照顾之外，不用特别费心。所以哥哥也能得到充分的关心，从而慢慢适应父母对弟弟的照顾。

如果为了给新生儿准备空间而需要让哥哥搬到别的床上去，那么应该在婴儿出生前的几个月就提前搬好，以免哥哥产生自己因为弟弟妹妹被赶走的想法。另外不要因为照顾婴儿而忘记哥哥去幼儿园的时间。有必要提前和哥哥做好出门前的叮嘱。

婴儿吃奶的时候，最好让大孩子玩玩具或看漫画书，让他不妨碍婴儿，一个人独自玩耍。在这种情况下，有些妈妈会让稍长的孩子给其他孩子朗读故事。在给婴儿喂奶之前，她会对其他孩子说："玩具和书都准备好了，来，大家都到齐了吗？"在其他孩子都在的情况下，让最大的孩子帮忙照顾其他孩子。这样妈妈就有充足的时间和小婴儿一起度过了。

大孩子们在弟弟妹妹出生后，也可能会产生所谓的

"退行性心理"，想要使用奶瓶或尿布，又或是做和婴儿一样的举动。这一定程度上可以理解为孩子在嫉妒。另外请和最大的孩子强调作为长子所拥有的优势。这样妈妈放下婴儿刚喝完的奶瓶，老大就会马上主动跑去冰箱帮忙拿新的。

有时候，大孩子还会故意抱着婴儿惹他哭，这也是嫉妒的表现。这时可以说："你比他个子高，力气大，你抱得太用力了，他觉得痛，所以一直哭。来，妈妈教你应该怎么抱。"给孩子做完示范后还可以问："现在明白了吧？"

如果看到大孩子对婴儿行为粗暴，那么也可以采取下面的方法。一边对孩子说"婴儿很弱小，所以我们应该温柔地对他，太随意的话他会受伤的"，一边握着孩子的手，轻轻抚摸婴儿的脸蛋和手，说"看，他很喜欢这样吧？现在你自己来试试看"。如果孩子照着示范的去做，妈妈就拥抱并表扬他。

当然父母也不能对大孩子的粗暴行为坐视不管。可以立刻把大孩子带出房间，用平静的语气和他说："如果你要弄疼弟弟的话，就去其他房间里待着。"暂时让他和弟弟分开，但要避免让大孩子产生耻辱感而对婴儿怀恨在心。

请尊重孩子的自尊心

　　兄弟姐妹几个年龄相仿，如果父母对其中一个特别疼爱的话，其余孩子内心就会受到伤害。

　　孩子之间即便存在竞争心理，只要父母不对他们进行比较的话，他们相互之间也不会产生嫉妒。

　　不要说"你怎么就不能像你哥哥那样"这类的话，还要避免在其他孩子面前只称赞一个孩子。如果你不知道孩子是否嫉妒比自己聪明的兄弟姐妹，那么与其说"不用担心自己不聪明，你运动比他

好啊"，不如说"你也希望像姐姐一样考到好的分数吧"来表示理解更为合适。

等孩子成长到一定程度，就可以教育他"嫉妒是不好的"。因为嫉妒就像双刃剑，虽然一般人只看得到对着别人的一面，但实际上嫉妒的人本身会形成更深的伤口。

如果弟弟羡慕哥哥能比自己晚睡，就用"你很羡慕哥哥吧，但你现在必须要睡喽"这种方式，站在孩子的立场和他说话，这样大部分孩子也都能理解，不会多加抱怨。

要注意的是，不管父母再怎么小心，都不可能做到对所有孩子都完全公平，即便真的能做到完全公平，也不一定能得到好结果。父母也是人，也可能或多或少会偏爱某个孩子。

如果只给最大的孩子买新衣服，小的孩子就会抱怨："妈妈，为什么你只给姐姐买衣服？我也要穿新衣服。"

这时候请暂时克制住想要说服女儿的冲动，站在她的立场上想一想。与其说"姐姐过几天有演讲比赛"，不如站在妹妹立场上试着劝说"我知道你也想买新衣服了，但再忍忍吧，现在你能穿的衣服还有很多呀"。孩子说不定会出人意料地表示理解，不再生气了。有时甚至仅说一句"是吗"，并对孩子微微一笑就足够了。

千万不要说一些能让孩子感觉到兄弟姐妹间差别待遇的话。如

果孩子听到"你怎么能和哥哥一样",心里只会更加嫉妒。另外也不要做让孩子觉得父母怀有补偿心理的事。比如给姐姐买了新衣服,就承诺给妹妹买新的文具盒,这样的做法并不可取。

孩子说:"太过分了!"说明他正想把自己要的东西弄到手。这时候被他牵着反驳说"这不是过分,只是……"是没有必要的。

小贴士 父母没必要努力表现出公平对待孩子们的样子。即便孩子抗议,也不用和他们生气。

孩子的想法
也是有道理的

孩子的要求也并非全都是错的。即使是孩子的意见，只要是正确的，父母就应该尽力采纳。特别是在父母自己犯错误的时候，千万不要做任何辩驳。

假设妈妈把哥哥送去补习班，没有送妹妹去。心里难过的妹妹直截了当地和妈妈说："为什么就送哥哥去上补习班？我也想去。"

这时不管孩子的话是否正确，妈妈只需要温柔地说"妈妈正努力平等地对待你们"就可以了。

相反，如果用批判的口气说："你怎么这也要嫉妒呢？"孩子的嫉妒心反而会更加强烈。就算你再安慰他们"没有必要嫉妒，妈妈都是一样爱你们的"也没有用了。

倾听孩子讲话，并首先从体谅孩子的心情开始打开话题，效果会比较好。比如，"看来你认为妈妈更疼爱哥哥呀。但对于妈妈来说，你们俩都很重要。"

小贴士

就像没办法对每个孩子做到完全平等一样，父母也不可能给每个孩子同等的爱。

虽然不想承认，但即使孩子都是从一个肚子里出来的，还是有惹人喜欢的和不怎么惹人喜欢的。父母一般会更疼爱那些听话、性格又外向的孩子。对于特别让人操心的孩子，如果父母觉得很难投入感情，也不要认为这是罪恶的。不如想想怎样克服自己的局限，真正去爱这样的孩子。这才是好父母。

孩子打架的时候不要轻易干涉

　　没有父母喜欢孩子打架。但孩子成长过程中，争吵是在所难免的。大部分是因为竞争心或嫉妒心、谁拥有某样东西多，或者谁应该去跑腿等这类问题。

　　孩子之间打架的原因都很单纯。别的孩子做了让自己讨厌的事，或说了讨厌的话，就用同样的行为对待他，对方又反击过来，这样一来一往，打架也就在所难免了。

　　父母对待孩子打架的态度也是多种多样的。有的父母会介入平息事情，听完孩子的解释后判定谁对谁错。被认为不对的孩子会被责骂或受到惩罚。但这样做的话，会造成什么样的后果呢?

　　"哈哈，这就对了。你看，妈妈也觉得你是坏孩子。"

　　如果其中一个孩子这样说的话，被认为犯了错的孩子就会对和自己打架的弟弟以及妈妈都发火。这样无异于又在孩子心中种下一颗火种。而且以后孩子打架就会想把父母拉进来，并都希望他们站在自己这边。

　　"你是哥哥，应该多忍让"或"你们不要打架了，要和平相处才对"等说教这时也完全不会有效果了。因为双方都在气头上，根本不会

听父母的话。

另外，孩子的心里还想利用平时不怎么有效果的妈妈的权威。我们假设吵架中的一个孩子跑到了妈妈身边。

"妈妈，哥哥一个人在玩玩具车。"

"那你去和哥哥借。"

"妈妈，弟弟老要拉我头发。"

"那就告诉他不能这么做。"

很多情况下，父母介入后只会责骂有错的孩子。

如果上小学的姐姐跑来和妈妈说弟弟在自己的本子上乱涂鸦，妈妈就会责备弟弟："不要在姐姐本子上乱涂乱画，知不知道！"

这样导致的问题就是，即便一方的确被另一方欺负了，"受害者"会告诉父母对方因为什么事情欺负了自己，而且会神气地说自己什么错都没有。而父母也完全不会知道，这个孩子看着另一个孩子挨骂时心里有多幸灾乐祸。

一般情况下，打架的话肯定双方都有错。但如果是上面的例子，很有可能是之前姐姐对弟弟做了不妥当的行为，弟弟进行了报复。

很多时候，父母会做孩子打闹的调解者。即便父母和孩子讲明

对方不是故意弄伤他的，但挨打的一方仍会不服气，最后仍会发展成一场让人不快的吵嘴。孩子吵闹得厉害时，父母即使想去调解也是无济于事。

孩子们经常吵架，无休止地相互指责对方："哥哥打我！"

"不，是他先开始的！"

"哥哥抢走我的玩具！"

"妈妈,是他先来妨碍我的。"

父母就会大声把两个孩子都责骂一顿："你们还要这样继续吵下去吗？受不了，赶紧停下来，知道吗？"或"谁先开始的不重要，你们都是坏孩子！"

小贴士

父母生气或干预也许能让事情得到一时的平息，但用这种方法是教不会孩子学会怎样完美解决争吵的。

坦然地接受争吵

想要完美解决问题，父母内心首先要保持"不发火不冲动"的心态。虽然很无奈，但还是希望父母能接受很长一段时间里吵架还要继续的事实。这事虽然不能让人感到高兴，但也不是"无法忍受"或"可怕"的。

即使父母不一一干涉，也不应该在心里责备或谴责孩子"为什么这个孩子就喜欢刁难姐姐""为什么这孩子就不能让弟弟玩一下玩具呢"。可以多思考"要让孩子之间和谐相处的话，自己应该怎么做"。另外还要下定决心不再用批评的眼光看待所有事情，并保持客观的态度。此外，觉得"孩子们这么吵来吵去，我到底哪里做错了"，把孩子打架的事归罪到自己身上也是不可取的。

即使父母很完美，孩子们也都是在吵闹的过程中长大的。这个世界上没有哪个孩子在成长过程中没打过架。父母无需因为家长的责任感或义务感，而苦恼孩子打架的时候该如何是好。

当然，如果父母不出面的话，其中一个孩子可能会经常遭到欺负。但现实中，父母没有办法一直监视孩子们的一举一动。

即使看到大的孩子对小的孩子说不好的话或拽头发，父母也必须要克制住。孩子不可能只和亲切和蔼的人一起生活。同样，孩子之间打闹的时候，父母也不要贸然现身进行调解。孩子只有在经历过困难之后才会成长，因而要锻炼他们克服困难的能力。

即便听到孩子打架的声音，父母也要压制住自己想去看发生了什么事情的想法，冷静地继续做自己的事情。很多时候孩子大声喊叫只是为了引起父母的注意。如果孩子跑过来向妈妈告状，并哭闹着把妈妈拉到自己这边："妈妈，快看哥哥，每天都和我作对！"或者哭着说："姐姐叫我猪，还不让别的小朋友和我一起玩。"那么请温柔地对他说："好可怜，吵架了吧，想想看怎么才能和好呢？"

如果孩子发现父母对自己的争吵不关心，就会觉得很无措。因此要避免对孩子说类似"这事和妈妈没有关系，你们自己解决吧"这样太过冷酷无情的话。

纠纷就交给孩子解决吧

下面是两位妈妈关于孩子经常吵闹的经验。

某天我正躺在床上，突然听到六岁的小儿子和七岁的大儿子因为游戏机吵架。大儿子对小儿子说了句："你真坏！"

我心里虽然想着"大儿子真是，和他说过要和弟弟好好玩耍的"，但身边的小婴儿正在熟睡，于是我决定先假装不知道。

吵闹的声音越来越大，最后大儿子还打了小儿子，把他惹哭了。我十分生气，想马上跑过去。但还是选择再忍一会儿。等待果然是值得的。大儿子看到小儿子哭，意识到了自己的错误，把游戏机给小儿子玩了。

五岁的女儿在用水彩笔画画，同时威胁一旁的弟弟说："如果敢碰我的水彩笔，我就用水彩笔画在你的脸和手上。"

弟弟听了她的话以后还是拿起了水彩笔，姐姐果然马上在他的胳膊上画了一道。弟弟就跑来找我帮忙，但我没有帮他。最后弟弟自己去把手臂洗干净了。

　　像这样，如果父母不去干涉的话，吵架其实很快就会结束。如果父母认为孩子的争吵会无限持续的话，那就请观察一下他们一天吵几次，一次吵多长时间吧。实际计算下来就会惊奇地发现，时间比预想的短很多。有一位妈妈觉得两个女儿总是为了一些鸡毛蒜皮的事情争吵，但她看了实际记录下来的数字却大吃一惊，一天五次，每次都是连两分钟都不到的小吵小闹而已。准确了解争吵的程度后，忍受也就变得相对容易了。

　　当然如果父母已经养成阻拦吵架的习惯，马上纠正过来也不容易。因为有时父母看着孩子生气激动也确实是一种煎熬。因此，即便自己又不自觉地干涉争吵，也没有必要对自己太失望。

171

要把握好介入**争吵**的时机

虽然前面说希望孩子们自己解决争吵，但父母并非一定要这么做。假如兄弟俩为了食物争吵起来，最后哥哥踢了弟弟，妈妈最好一边说"妈妈很讨厌你这样用脚踢人哦"，一边平静地把他们分开。

另外，如果孩子说出互相伤害的话，请严厉地批评他们。

假设上小学五年级的大儿子教二年级的小儿子数学题时，两人发生了争吵。

"你这个猪脑子，这都不懂？"

"你说什么？你才是大笨猪。"

心情激动的孩子互相说着伤害对方的话。

这时妈妈不能坐视不管，应该严厉地批评他们："不许骂人，对方的内心会受伤的。"

如果孩子跑过来让父母解决争吵，可以暗示孩子说："你有没有说一些对方听着比较舒服的话呢？"或者说，"换成你的话，对方怎么说你的心情会好一些呢？"让孩子自己去思考。

如果孩子一起玩玩具时吵架了，指导他们公平地分玩具也是方法之一。假设只有一个玩具，如果妹妹抱怨说："姐姐不让我玩玩具。"妈妈就可以问："你们想玩多长时间呢？"并建议她们，"我们来定一下各自玩玩具的时间好吗？"

无视在眼皮底下吵架的孩子们，对父母来说不是一件容易的事情。这种情况下，父母可以让孩子离开房间。还有一个不错的方法，就是让孩子们自己判断应该停止吵架，还是离开房间。

但如果孩子在父母面前打架，动用暴力的话，就不能坐视不管了。大孩子对小婴儿动用暴力，父母出面保护小的理所当然。但对现在走路还趔趔趄趄，或还不记事的孩子，就不要责骂

他，而说"如果把弟弟弄伤了就不好了"，然后把他带到其他房间去。"我知道你也生气，但打弟弟是不对的。"像这样站在孩子的立场上表示理解，同时让他们分清是非。

如果孩子抱怨"是他先不对的"，就可以告诉他："下次弟弟先不对的话，你不要打他，来告诉妈妈。"

如果孩子咬了别人，可以告诉他："再咬的话就在你嘴上贴胶带。"如果他还咬的话，就把一两个小创可贴贴在他嘴上。对爱抓人的孩子，可以说："为了防止你再抓人，妈妈要把你的指甲剪短一点。"然后把指甲剪到稍稍让他疼痛的长度。孩子哭闹或挣扎的时候，就和他说："把你弄痛了，对不起，但你以后不可以再抓人了。"

小贴士

孩子经常会和年龄相仿的朋友吵架。这时候父母尤其要保持冷静的态度。无论错的是哪一方，都不能包庇自己的孩子，责怪别人家的孩子。另外，要尽量避免和对方孩子的父母讲孩子吵架的事情。

告诉孩子吵架的原则

即使小孩子打了别人，也不必想得太过严重。但大人也应该告诉他们，打伤别人或侮辱别人，给别人造成精神上的伤痛都是不对的。

孩子三岁之后，父母就要告诉他，把自己的东西借给别人是很好的事情，并逐渐教会他们互相分享。如果孩子主动分享了，就称赞他："你要把新玩具借出去吗？真乖呢！"

如果孩子独占玩具，就用和善的语气说："我们来按顺序玩吧？弟弟也想玩一会儿呢。"如果其他孩子也抱怨没有玩具玩，请和他说："哥哥也想玩一会儿呢，你耐心等一会儿吧。"

到五岁左右，孩子就开始懂得倾听父母的话了。这时也可以和他们聊一些关于吵架的话题。不仅要教他们和平解决吵架的办法，还要提醒他们吵架要注意的几点事项。

绝对不能打人

虽然打人是不对的，但如果别人举起手来要打自己或真打上

来的时候，孩子应该懂得回击并保护自己，但禁止为了报复而使用武力。

不要用言语或行为让别人受伤

请告诉孩子不能做让别人痛苦的事。瞧不起别人或侮辱别人都是不对的，即便对方没把这些放在心上，也不能这样对待他人。此外，还要叮嘱他不能说批判性的或冷酷的话，不要轻视或刁难别人，让人心里不舒服。

恩雅班里有一位胖胖的同学。一天，恩雅回家就拉着妈妈和她说学校里的事情。

"妈妈，你知道吗？今天我们班的金刚穿了裙子，结果狠狠地摔了一跤，真是太好笑了。"

"金刚？"

"嗯，一个身体长得和金刚一样的女孩，那是她的绰号。"

这时妈妈站在对方的角度询问孩子"如果你被朋友叫作金刚的话，你的心情会怎么样"是非常有效的。当然不要忘记，不管何时都要用和气温柔的语气和孩子说话。

177

不能告密

兄弟姐妹或朋友做了坏事，告诉父母是正确的。但如果告密或中伤就是不对的。

孩子跑来打小报告说："妈妈，哥哥抢了我的玩具！"母亲不要马上照单全收。如果觉得当时很难和孩子解释，就请回答："谢谢你告诉我，我先和哥哥聊一聊。"之后再找机会和孩子说明自己为什么没有完全听他的话。

不能心怀怨恨或报复

请告诉孩子，即便对方侮辱自己或对自己做了不好的事，也不要报复或心怀怨恨。圣经的《创世纪》里有一个关于约瑟和哥哥们的故事。哥哥们曾经想要陷害约瑟没有得逞，但仍把约瑟转卖为奴隶。

很多年之后，伽南闹饥荒，约瑟的哥哥们来到埃及找粮食。约瑟当时已经在埃及继承王位，成了第二代国王。哥哥们没有认出约瑟，但约瑟一眼就认出了他们。约瑟为了给他们一个悔改的机会，表面上粗暴地对待他们，但内心里还是很可怜他们。最后约瑟告诉他们自己的身份，并发自内心地安慰了他们。

给以宽容

告诉孩子要宽容别人，要经常看到别人的优点。

"如果喜欢一个人的话，无论那个人做什么，都会往好的方面去想。但有时也没法完全做到这样。因为如果他导致自己陷入窘境的话，我们就会很生气并认为他是个坏人。但是，如果换个角度，想他也有自己的苦衷，就能包容他了。"

孩子虽然小，但如果能完全理解上面这番话，也就会形成正确的思考方式了。

区分什么时候该沉默，什么时候该忠告

请告诉孩子，无论谁为难你，都不要讨厌那个人，可以用温柔和气的语气告诉对方自己当时是怎样的心情，并以此忠告对方。抬高嗓门说话只会让对方生气，还会让别人认为自己也做了不应该做的事情。

即使别人做了坏事，也不要以那件事来评判他，也不要指责他。对方发火的时候，保持沉默不失为一个好方法。等他冷静下来，给他充分的时间解释。如果对方真心反省的话，就原谅他。

有条忠告是这样说的：**"不要说对方不会真心采纳的话。"**请

告诉孩子，如果所说的话对方可能不会听取，那么不说反而更好。

请求原谅

请教会孩子，伤害了别人首先要请求原谅，并向对方证明自己是真心反省。孩子和朋友闹了别扭的时候，妈妈仅需在一旁劝说："对方心情也不好受，你先过去和他说对不起怎么样？"这样也能让孩子养成主动道歉的习惯。

教会孩子宽容

要让孩子明白，之所以会打架，主要是因为自己一味把别人的行为往坏的方面想。

妈妈可以试着和孩子说："虽然不容易，但你觉不觉得这种时候应该忍一下呢？"

孩子和朋友争吵后，回家经常会咒骂对方。

孔秀一回到家就气呼呼地来找妈妈。

"妈妈，都因为小雄，我都不想去学校了！"

"什么？为什么？"

"他在我们学校网站上说我和我们班鼻涕虫互相喜欢。这么丢人让我以后怎么去学校？小雄这人真是讨厌！"

这种情况，只要孩子讲的不是校园暴力之类的危险行为，就教导她不应该用这种态度来说这件事。和她说："你肯定很生那个小朋友的气吧，但辱骂别人是不对的哦。"

孩子也常常因为没有得到公平对待而吵架。孩子说"太过分了"的时候，通常是认为事情没有朝自己所希望的方向发展。

这时请父母首先表达同情，然后再指出吵架的原因就是因为孩子一直想要公平。

比如，孩子抱怨"太过分了，明明球是我的，为什么他要抢走"，首先可以和孩子说"好可怜噢"，然后温柔地和孩子说："你看啊，如果不计较的话，也就不会那么生气，事情也就能过去了不是吗？现在就是因为你觉得太过分，所以才会生气。接受现实的话，是不是会更好一点呢？"

大儿子有时候会因为弟弟什么都模仿自己或无论做什么事情都来征求自己的意见而发火。这时，父母与其说"你肯定也知道，弟弟现在还小，做哥哥的不能嫌他烦"，不如悄悄和他说"这是因为弟弟相信并尊敬你，觉得你什么都知道。而且他还想成为和你一样的人，所以你做什么他就做什么。你就把这当成是他崇拜你的表现吧"。

偶尔也应该和他们强调，纠结过往虚度今日是非常愚蠢的事。

"发火时你的心情是怎么样的？并不是很好吧。如果你无时无刻想着过去而发火的话，自己心里也会不舒服。现在就把那些不愉快的事情都忘记，重

新恢复快乐吧。"

为了让孩子们尽量不要打架，父母有必要培养他们的谦让精神。告诉孩子经常谦让他人，会给自己带来很大的福报。

要让孩子明白：自己需要放弃某些东西来谦让他人。但是让别人得到幸福的同时，自己内心产生的满足感也是牺牲的一种补偿。

为了防止孩子吵架，还有一个有效的方法。那就是无论孩子用什么方法，只要能控制住自己的情绪，就给他加分。

下面的例子就是这样。

三个小孩经常在晚饭时间扯着嗓子吵架。这个时间也是我一天中最忙碌的时刻。大部分情况下争吵都是以十岁的大儿子为中心开始的。而关于这点，我也和孩子谈过，却基本没有效果。

某天晚饭时间，我在旁边观察大儿子和六岁的妹妹为什么吵架。比如大儿子讨厌冷水，而妹妹讨厌热水。如果大儿子往装了冷水的水壶里倒热水，妹妹就会哭闹起来，就会说一些伤害大儿子的话。

　　我想到了一个好办法。我在其他孩子睡觉的时候把大儿子叫过来说："我做了一张表。如果每天傍晚，即使你听到妹妹骂你，或水壶中装的是冷水，你都努力不和妹妹吵架的话，妈妈就给你加分。每得到 1 分，我就给你钱可以洗一张用爷爷送的照相机拍的照片。"并且我和他约定好，这张表是只属于我们的小秘密。

　　大儿子同意了这个提议，第二天傍晚就得到了 1 分。之后隔天傍晚，虽然他忘记了这个提议，但我在旁边提醒他，并具体教他如何避免争吵。然后，接下来的一天大儿子又得到了 1 分。等他得到 10 分的时候，早就已经忘记和分数相关的约定了。而另一方面，妹妹也明白，即便自己向哥哥抱怨也没有什么用。从而孩子之间的吵架次数也大大减少了。

　　几周后，爷爷给孩子们来信询问："什么时候孙子能给我看看用新相机拍出来的照片？"当天晚上，我就给了大儿子冲洗 100 张照片的钱。虽然孩子只拿到了 10 分，但他不光是在吃晚饭时间，甚至平时也一直努力不吵架。这样的表现已经值得我奖励他 100 张照片的钱了。

　　也有父母认为，和很有主见的孩子相比，一直温顺听话的孩子才是问题。但如果这类四平八稳性格的孩子不经常发火的话，

也不会有什么大的问题。

虽然以自己为中心的孩子很容易占到便宜，但这并不是优秀的性格。对于这类孩子，父母要引导他们，不管事情是否如他们所愿，心里都不要觉得不舒服。同时对于孩子过多的要求，父母有必要帮助他们好好控制。

如果平时一向顺从听话的孩子发火的话，也许是对父母产生了抱怨或报复的心理。这时请和孩子谈话，一起寻找解决的办法。

小贴士

谦让是很伟大的事情，但事后不可以因此后悔。体谅对方的心是很好的，但对方要求过分，也没有必要事事谦让。在让步之前，自己先要做好以后不会抱怨的准备。如果觉得自己没法做到，不如一开始就不要顺从。

和孩子讨论阻止吵架的方法

虽然教孩子不说伤人的话很重要，但如果哪天别人说了伤孩子的话，也请告诉他"没有必要把这件事想得太严重"。下面假设有个孩子一受到无视或惊吓就会发火。

小学一年级的敏敏在学校里的绰号叫"鸭子"。因为她的屁股像鸭子一样突起。每次同学们叫她的绰号，敏敏就会感到难为情和伤心。一天，敏敏回到家连书包都没有放下，就跑到厨房和妈妈说：

"朋友们今天又叫我鸭子了，然后我就和他们吵架了。"

这时候妈妈该怎么和孩子说才好呢？

"敏敏啊，如果别人对你说'哈哈，你有四条腿'，你的心情如何？会难过吗？当然不可能啦，因为你根本没有四条腿。所以别人说的话不要一股脑儿都听进去。同样的，如果遭到别人嘲笑，也不要把他的话看得太重，就不会伤心或吵架了。"

这样和孩子解释就可以了。

　　容易生气的孩子通常会敏感地认为别人在说自己坏话。对这样的孩子，请劝他："就像你没有资格说别人坏话一样，别人也没有资格说你坏话，所以不要太在意了。"

　　偶尔父母会听到自己的孩子打别人的事。下面举的就是一位妈妈合理处理这种情况的例子：

　　六岁的小超是个乖巧机灵、讨人喜欢的孩子，但她在幼儿园时经常无缘无故地打其他小朋友，原来她在家里也常打弟弟。上了小学之后，没有丝毫改变，即使老师罚她站墙角也没有效果。

犹太妈妈的
69种育儿方法

一天妈妈去学校接孩子时，看见小超无精打采地站在角落。回家的路上，妈妈和小超聊了起来。

“小超啊，刚才为什么在角落罚站啊？”

“我打了同桌。”

“为什么要打他？他对你说了什么吗？还是抢了你东西？”

“不是。”

“来，说说为什么要打他。”

“就想弄哭他。”

“那同桌哭的话，你会高兴吗？”

“嗯。”

“你喜欢哭吗？”

“不喜欢。”

“你同桌也不喜欢哭。”

聊天进行到这里，妈妈可以接着正式向孩子提问：

“为什么老天赐给人类一双手呢？是为了让我们打人的吗？”

为什么要打他呀？

如果女儿回答"不"，就继续问下去：

"那为什么要给人一双手？"

"用来画画和剪纸。"

"妈妈如果掉了什么东西，你会帮我捡起来吗？"

小超点头表示会。

"那么从今以后，如果你的手再打别人的话，你就对它说'不要打人。手不应该用来打人而应该去做其他有意义的事'。"

第二天早上，妈妈又再次和小超强调了一遍。

下午妈妈去接孩子的时候，老师说今天一天小超都没有打人。妈妈就和老师说了自己纠正小超打人的坏毛病的经过，同时还劝告老师不要罚站，试试其他的方法。

几天之后，老师就告诉妈妈，小超一直在努力变好，现在已经完全改掉了打人的坏习惯了。

Part
10

比起父母的自尊心，
请先考虑孩子

不要说否定老师的话

　　从孩子的态度就能看出父母的家教好不好。因此，父母如果听到有人说孩子在学校态度恶劣，就会认为是自己教子无方。如果把这想成是别人批评自己的话，心里就会更加不舒服。

　　面对这种情况，父母有几种不同的态度。有的父母觉得丢脸而朝孩子发火并惩罚他。也有的父母认为是学校教育方式不对，对老师大发脾气。这两种态度都称不上合理。

　　首先要弄清自己发火的根本原因。如果父母认为孩子恶劣的态度一定是自己的错，从而感到羞愧的话，那就需要调整下自己的思考方式，不应该把孩子态度变差都归罪于自己。

　　即便父母把所有的事情都做得很完美（当然这种可能性很值得怀疑），孩子也不会因此而记住所有的礼仪习惯，因为还会有其他方面的影响。不管怎么说，首先判断自己的人格如何，或担心给别人留下什么印象的态度是不明智的。

　　"我从老师那听到了一些不好的话，你有什么要和我说的吗？"

也许父母用这种方式来试探孩子的话，更能够解决问题。但重要的是，不管遇到怎样让人不舒服不痛快的事情，孩子都应该尊敬老师。

孩子态度不好，也许只是因为好玩。如果是这样的话，请认真地告诉他，他的举动让老师有多么痛苦。这样的孩子如果每次在学校态度良好时，老师就给他加分或其他激励，也能使他的脾气慢慢变好。当然如果事情严重的话，可以适当惩罚他。但责备训斥还是让老师来做更为合适。

虽然不能把孩子的恶劣态度归罪于老师，但有时老师不当的教育方式或不正确的班级管理，也会造成孩子恶劣的态度。即便如此，也不能让孩子认为自己是正确的。正如前面所说，父母绝不能在孩子面前说学校或老师的坏话。

孩子从学校回来后，就开始抱怨老师。

为什么呀？

妈妈，我讨厌老师.

"妈妈，我不想去学校了。"

"为什么？发生什么事情了？"

"老师就喜欢那些长得可爱的孩子。"

"怎么会呢……你是不是误会了？"

"没有。他上课的时候就叫那些漂亮的孩子回答问题。不管我手举得多高，一次都没有叫过我。也许老师觉得我长得难看所以讨厌我。"

当孩子如此诉说对老师的不满时，父母不应该追究谁对谁错，而应该先听孩子说完。孩子说完后，可以劝慰她："你和妈妈说这些，是不是希望妈妈做些什么呢？但为这点小事责备老师是不对的。"

如果让孩子明白不应该把其他人想得太坏，孩子也就会往好的方面去思考。

小贴士

不管是什么问题，要引导孩子直接和老师对话来解决。可以建议他休息的时候去找老师谈一谈。

如果孩子因为害怕被老师责骂而犹豫不决，让他提前练习彬彬有礼的语气也是一种可行的办法。

不要把孩子拉入
父母的虚荣心之战

现在很多教育家认为："孩子们不喜欢学习。如果放任他们不管，他们就会选择去玩耍。因此要想使他们学习，就必须通过成绩评价或其他方式来激发他们的上进心。"

但是，如果你去过世界幼儿教育机构蒙台梭利学校的话，就能清楚地知道这是多么愚蠢的想法了。在那里你会发现，即便没有奖励或分数这类的激励措施，三四岁的孩子也能自觉做事情。一位母亲虽然一开始曾抱怨"我们家孩子回到家不愿意学习，光缠着我让他擦墙或窗户，真是太让人失望了"，但这样的想法很快就改变了。因为她明白了这只是开发孩子创造性的教育过程而已。

蒙台梭利学校的创始人——意大利人玛利亚·蒙台梭利认为："孩子自己能强烈意识到做有建设性事情的必要性"。她还强调，"对于劳动的热情就是生命力的表现"。

实际上，上天最初创造了人，并祝福他们"遍布满地吧，治

理土地吧"，给了他们支配和创造周围东西的力量。我们应该相信孩子的手中也有这种力量在萌芽。

为了师出有名地而孩子拉入竞争，人们会经常引用"法律学家之间的嫉妒能增长知识"这句俗语。但这句俗语并不是对人类本性的忠告。它的意思是老师们之间的嫉妒就是在培养比老师们更好的教育者。

虽然大家都认为成绩对孩子有刺激作用，因而很有必要。但实际上它也有很大的害处，它会让孩子产生"成绩好就能得到尊敬"的错误想法。

客观地说，成绩单只不过是用来评价某个特定科目中孩子领悟知识的程度而已。但却被人误解为"只有努力学习才能取得好成绩，因此学习好的孩子应该被当成优秀学生来得到其他人的尊敬。反过来，成绩不好的孩子就是做错事的孩子或坏学生"。

像这样因学校成绩自豪或羞愧的人们忽视了一点：成绩不是勤奋程度就能左右的，而是和智力有关。

这种倾向在家庭生活中也很常见。

假设大孩子经常在班里拿第一名，成绩很好，但缺乏对他人关怀的心。

而相反，另一个孩子的成绩虽然不如姐姐这样出类拔萃，但在朋友中的人缘很好。

妈妈看了姐姐的成绩单称赞道："我们莉莉这次又是第一名啊，爸爸回来后我们向他炫耀一下。"

这时，站在旁边的妹妹说道："妈妈，今天在学校里老师夸我打扫卫生很干净。"

妈妈没有表扬，反而斥责她："卫生打扫得干净有什么用？要学习好才行。你的成绩要是有姐姐一半就好了。"

像这样，有的父母因为孩子成绩好就引以为傲，孩子成绩差就无视孩子。如果父母因为自己的虚荣心而强制要求孩子成为优等生，反而会造成毁灭性的后果。最后变成，孩子成绩不好父母会感到失望，而孩子则会产生自卑感或反抗心。

要明白，比起从知识层面上获得某种成就，我们更应该从为人上来评判一个人。

智力是天赋，就把它交给上天吧。当然也有孩子并不是因为能力不行，而是自我管理有问题而导致学习成绩差。还有跟不上别人学习进度的落后生，以及智力有问题的孩子。父母和

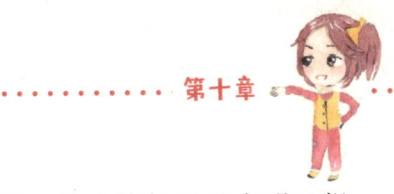

老师倾注精力，这些孩子也认真学习，但成绩仍旧没有明显提高。

到最后，父母只会怪孩子不够努力，或认为不管怎么样孩子都是落后生，并干脆放弃。孩子当然也会因此失去学习的兴趣，努力的积极性也会消失。

小贴士

不只是成绩不好的孩子，成绩好的孩子也会受到竞争式教育制度的伤害。成绩好的学生中，也有的为了比别人优秀而拼命努力，如果没得到第一就会不满。这类追求完美主义的孩子时刻保持着紧张，最后会走上一条一味只考虑成绩的成长之路。

尊重孩子的个性

　　要合理解决孩子的学习成绩问题，可以根据不同孩子的能力导入不同的学习制度。评分的时候，根据某段时间孩子的进步来评估孩子的能力是最理想的。

　　老师根据每个孩子的情况，为他们制定不同的学习目标，如果孩子达成了目标就给予称赞。考试只是为了了解孩子知识掌握的程度，让孩子通过考试，明确知道自己哪部分还需要加强学习。

　　以前的犹太学校里，老师会给每一个孩子进行单独测试，但不像现在这样有笔试或成绩单。此外，犹太人倾向的教育办法一直是以让孩子展现个性为中心的。

　　传世名著中有教导孩子约 400 遍的贤者的故事。这个故事强调了教育者要有耐心和牺牲精神。不管教多少遍，老师都有义务教到孩子明白为止。

　　一位拉比说过："老师教书，即便学生无法理解也不能发火，应该反复解释到孩子理解为止。"

　　在现如今的学校中，很难找到像上面说的理想中的学校。

但父母也应该培养孩子对学习的认真态度。当然，取得好成绩不应该成为孩子唯一的学习目标。在考试中考了多少并不重要，努力了多少才是关键。另外要告诉孩子们，他们不是为了得到称赞或认可才学习的，而是为了获得知识。

如果成绩不好的孩子抱怨："妈妈，我数学成绩一直都不好，好难过啊！"请和他这样说："妈妈不关心你考了多少，妈妈在乎的是你尽了多大的努力。"

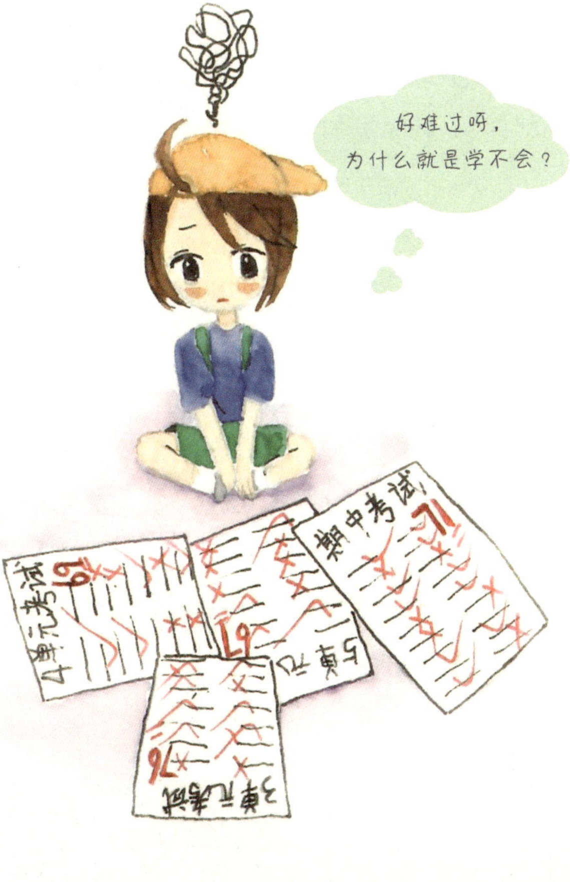

好难过呀，为什么就是学不会？

期中考试

区别学习后进生和智障儿童

所谓学习后进生，指的就是有很强的能力，但自我约束不足，导致无法专心于学习的孩子。这类孩子大多数很讨厌被束缚，即使每天坐在教室里，也不愿意学习。自己有能力去做的事情不愿去做，白白浪费时间。班级里如果有这种学生，老师会十分头疼。

有时候父母会觉得这类孩子的将来堪忧。但很多孩子即便小学看上去浑浑噩噩，初中或高中的时候也有可能重新全身心投入学习。教育是可以通过不断重复而习得的，只要能识字，会基础的数学运算，不管差多少都可以补上。

父母必须理解孩子的立场，并用更加真挚的态度去激励他们。比如可以和他们说："你看上去很讨厌去学校。但反正你总是要去的，不如学一些东西不是更好吗？"

父母与其批判孩子分数差，不如称赞和鼓励孩子取得哪怕是一丁点儿的进步。这才是最聪明的教育方法。

有的父母可能不太相信，他们的孩子也很有可能是智障儿

童。如果知道自己的孩子智力有问题，父母一般非常受打击。而这一点在孩子上学之前，父母通常是不会知道的。这样的孩子无法和其他孩子一样识字，也不会写，对于数学也很吃力。但庆幸的是，现在很多学校都设有"特殊教室"，它们是专为这类孩子特别设置的班级，每天会上一小时的特殊教育课程。

后进生和智力障碍儿童是不同的。智障是因为先天智力低下，脑子几乎无法运转。但典型的后进生拥有平均值或以上的智力水平，只是在认知能力上存在障碍而已。

不能把智障儿童和所谓的发育不良儿混作一谈。不要抱着侥幸态度，觉得虽然孩子好像看起来傻傻的，但长大后会有所好转，就继续让他上普通幼儿园。应该让有丰富经验的老教师来给他们进行特别指导。通过早期发现和早期治疗，孩子会慢慢克服这种障碍，最后完全治愈。

智障儿童特别需要父母积极的帮助。与其费尽心思掩饰家中有这样的孩子，不如实话实说。

如果智障儿童有什么奇怪或幼稚的举动，其他兄弟姐妹常常不会理解，甚至会不断抱怨。

"妈妈，志浩把房间弄得乱七八糟。"

"快劝志浩不要这么做。"

"劝了也没用。他是傻瓜，听不懂我们说的话。我不喜欢和志浩用一个房间。"

这时候，妈妈应该提醒孩子们："看来志浩把房间弄乱了让你们很生气呀。志浩不是故意这样做，他只是不知道这样不好。作为兄弟你们要体谅他。"这样来劝说他们互相包容。

教给孩子快乐学习的方法

头脑聪明的孩子大部分都成绩很好。但因为一直处于紧张状态，他们会过度逼迫自己。考试之前心里担忧着考试，考试结束后满脑子都想着答错的问题，不断责怪自己。

如果父母要求过高，即使孩子考了相当不错的成绩，他心里也会产生还应该再好一点的想法，无形中会给自己增加压力。如果孩子认为自己无法达到父母为他制定的完美标准，有可能会放弃学业，成为脑袋好的"后进生"。

对于这样的孩子，父母负有很大的责任。父母应该让孩子明白，评价他人不是看他有多么聪明，而是看他有多么勤奋。

让他们充分理解，为得到别人的称赞或认可而努力是没有一点意义的，为了自己的发展而努力奋斗才更为重要。父母与其称赞孩子的分数不错，不如在孩子快乐学习的时候为他们高兴。

但也有经常拖拉作业，弄得父母内心焦躁的孩子。

作业是孩子应尽的义务。父母不要帮他们做，实在必要的时候可以稍微在一旁提醒一下。另外，也不要每天追着喊着让他们做作业。

如果孩子天天依赖父母，不能依靠自己的能力独自完成作业，那作业也就失去了意义。

如果孩子拖拉作业，可以暗示他："今天没有作业吗？"让孩子明白作业的重要性。做作业是孩子的义务，因此不提醒他们也无妨。孩子做作业的时候，可以规定好时间来激励他们，但除此之外不要再过多干涉。即使老师说孩子拖拉作业，心里听着不舒服，也请一定要克制住，只在一边监督、鼓励。

让孩子想吃多少就吃多少

如果父母能制定好基本的规矩，并按照规矩来做，实际上没有必要为孩子的吃饭问题而担忧。这个规矩就是，"不要强迫孩子吃东西或让他们勉强吃不喜欢的东西"。

享誉世界的儿科医生本杰明·斯伯克博士就认为，即便让孩子只吃他们想吃的东西，也不用担心孩子会营养不足。

孩子在成长中，天生就拥有自行挑选正确和适量食物的能力。父母完全没有必要担心孩子如果不吃或少吃哪种食物会导致营养摄取不足。

斯伯克博士还介绍了克拉拉·戴维斯博士关于孩子食量的著名实验来佐证自己的观点。

实验人员让 8-10 个月的孩子从未经过加工的食物中挑选自己喜欢吃的食物，结果孩子们选出了让科学家都认可的营养均衡的食物。

即使孩子已经失去吃的兴趣了，有些父母还会勉强他们继续吃下去。

"再吃几口就好了。来，我们再吃一点吧。"

"不要，我不想吃了。"

"没剩几口了，再吃点吧。这些都吃掉的话，这周带你去游乐园玩。"

一般情况下，如果孩子开始环顾四周，或者拿着餐具玩的话，

就说明他已经吃饱了。这时可以让孩子离开餐桌，结束吃饭。

另外，如果孩子讨厌蔬菜或肉等一些特定的食物，妈妈会掺在孩子喜欢吃的东西中让孩子吃，但这很容易被孩子辨认出来。最后可能会变成，即便孩子吃了几口，感觉味道奇怪的话，连整盘菜都不愿意吃了。

请大家自己想想是否也用过上述的方法。即使大人也会有一两种不喜欢吃的东西。如果孩子真的很讨厌吃某种食物，那么每次让他吃的时候，或许他都会很痛苦。

随着孩子的成长，孩子对食物的喜好或食量都会改变，偶尔也会拒绝吃东西。这时候如果父母勉强孩子吃，孩子反而会更不想吃。父母会变得焦躁不安，这种担忧不知不觉就会转化为愤怒。如果事情演变成这样，孩子慢慢也就会失去食欲，每次吃饭，都会变成一场灾难。

为了避免这类问题的发生，父母应该尽量不干预孩子到底吃了多少。孩子本来的食量足以维持他们的健康了。不能把孩子能吃多少作为评判父母能力的标准。只要父母不过分操心，孩子一般也不会太挑食。

也不要唠唠叨叨，让孩子把碗里的食物全部吃掉。最好是让孩子想吃多少就吃多少，或者一开始就问他吃多少，稍微给他盛

一些，他还想吃的话再给他。

通过这种方法让孩子对自己的碗负责，父母也就没有必要总唠叨"要全部吃干净"了。

如果食物剩下的话，可以说"好吧，看起来你是吃饱了，等饿了再吃吧"。另外还要告诉孩子"浪费食物是不好的"。

再强调一次，千万不要对"吃很多的孩子"和"吃不了很多的孩子"存在偏见。他们只是"有食欲的孩子"和"没有食欲的孩子"而已。

你不能再吃了！

不要经常逼迫偏食的孩子

有的孩子讨厌的食物不止一两种。特别挑的孩子好几种食物都不会去碰。这时候，父母应该尽可能地保持耐心，不要数落孩子。

扬扬很讨厌吃大豆和胡萝卜。如果饭里混有豆子或小菜中有胡萝卜，他一概都不吃。一到吃饭时间，母亲和扬扬就会周旋一番。

"你真的不吃吗？"

"不要，我不吃，讨厌大豆！"

听到扬扬说不吃，妈妈无奈地说了谎话：

"这个不是大豆，是牛肉，是你最喜欢的牛肉！"

为了让孩子们吃他们讨厌的食物，母亲即使用骗也要让孩子吃下去。有的父母会用"吃了这个给你奖励"这种不合理的方法，还有的父母威胁孩子如果不吃，其他零食也不给吃。这些都是不可取的方法。

有的父母固执地认为"孩子应该什么都吃"。当然这也是正确的，但问题是，父母到底要怎么做才能让孩子什么都吃呢？爱憎分明的孩子是真的很讨厌某种食物才不吃的。勉强让他吃的话，反而会弄

成争吵的局面。

有时候可以对孩子说："即使不喜欢也稍微吃点吧。"或者和孩子说："味道稍微变了些，你来尝尝看。说不定你会喜欢上它哦。"

父母照顾孩子，把他喜欢吃的东西放进菜单中是可以的。但请避免特地为孩子准备某些特别的食物。此外，有时候让孩子和许多人一起吃过几次饭后，原来不喜欢吃的东西也可能会慢慢开始接受。

如果吃饭的时候孩子不想吃，不要用点心或水果来代替。

提前和孩子讲明，除了已经规定好的点心时间外，其他时间不能吃零食。但请父母不要用"现在不吃的话，晚饭前都没东西吃了"来威胁孩子。点心时间还是让他和兄弟姐妹一起吃点心或水果。不然妈妈就这样把肚子饿的孩子放在一边，说不定自己也会产生

内疚感。

孩子饿肚子的时候什么都不做，这样的妈妈是好妈妈吗？也有可能是孩子为了引起妈妈的注意，肚子不是特别饿，却故意装成肚子饿。父母不用太过紧张，让他在吃饭时间和其他家人一起吃饭，才是对他最好的教育。孩子抱怨肚子饿的时候，为了他好，还是要求严格一点吧。

爱恨分明的孩子看见自己讨厌的食物时会说"呕"或"我好讨厌这个"。且不说对别的东西持如此态度是否正确，但对食物持有如此偏见是不对的。因为这是对自然赐予我们的食物不懂感恩的表现。出现不想吃的食物时，告诉他们说一下"我不是很想吃"就好了。

一般孩子生病的时候，食欲都会不振。即使身体慢慢康复，要恢复到之前的胃口也需要一定时间。这时有的父母会出于担心而强迫孩子吃东西。但请给孩子充足的时间，并悉心照顾他。

小贴士

即使孩子体重减轻了也不要太过忧虑。只要孩子胃口恢复，就会开始大口吃东西，体重也自然会恢复。

不要因为减肥问题让孩子痛苦

　　体型消瘦大部分和体质有关。如果父母担心孩子瘦弱是因为生病了，那不如带他去医院检查一下。

　　斯伯克博士认为，如果孩子从小就比较瘦，而体重在逐步增加，父母就可以不必担心。孩子身体应该没有特别的问题，只是因为体质原因而造成身材偏瘦。

　　对于肥胖儿童，遗传是重要原因之一。如果父母都偏胖，孩子是肥胖体质的可能性就会很高。如果只有一方属于肥胖人群，可能性就会降低很多。当看到孩子有长胖的倾向时，父母只有减少孩子的饭量了。

　　如果孩子从小就吃低卡路里的食物，肥胖的可能性会相对小一点。最好不要让他们吃富含脂肪的食物或份量很足的甜点。

　　点心时间用水果或蔬菜来代替曲奇或冰激凌，也是不错的选择。

　　如果父母过分在意孩子要摄取足量的营养，一不小心就会让孩子营养过剩。没有必要担忧"健壮成长的婴儿"，但如果长到一定程度后体重仍然持续上升的话，就需要父母减少含有淀粉的

食物，以水果或蔬菜为中心，重新为孩子配菜了。

如果孩子肥胖的话，要告诉他注意饮食，但不要对孩子进行人身攻击。

如果自己的孩子比同龄人重很多，每到晚上还要吃很多，父母会很担忧。但不管多忧虑，都不要这样说："你大晚上的找什么呢？又要吃了？你看看你现在的样子你还吃得下？猪看到你都要叫你姐姐了。"

另外，节日等家庭聚会的时候，大家都在大块朵颐，父母只让一个孩子不要吃东西的话反而会产生反作用，因为这样一来孩子有可能会更想吃，因此硬让他忍着并不是好办法。

有的孩子对减肥一点都不在意，可有的孩子却烦恼不已。因肥胖而苦恼的孩子如果再次吃多了，就会产生没有控制好自己胃口的自责感。面前放着高卡路里的食物，即使想着"不能吃……"却还是把它吃掉了，吃完后又开始自责。这种现象在肥胖人群中很常见。

小贴士

要让孩子结束这种恶性循环。首先告诉他们，既然已经吃了，就不要再自责。还要让他们知道减肥有多么不容易，减轻体重需要多么坚定的意志。

对孩子来说减肥并不是容易的事情。孩子进入青春期后，父母如果觉得有必要，可以和医生商量，制订一个适合孩子的减肥计划并严格执行。

谨慎**劝告**说谎的孩子

小孩子经常会混淆想象和现实。父母一定要把这和故意说谎区分开来。

前者是想象力越丰富的孩子越会经常出现的情况。对于这种孩子，与其追问他"你是说谎吧"，不如表现出很吃惊的样子就可以了。举个例子，四岁的孩子如果说"路上有只狮子"，只要回答"哎呀，什么"就可以了。

但故意说谎就另当别论了。孩子们大部分是为了躲避惩罚或逃避责任而选择说谎。另外也有孩子是为了得到表扬或认可而胡诌故事。

妈妈外出归来，发现阳台上的花盆被摔碎了。

家里只有上小学的儿子赫赫和小狗。因为花盆放在很高的搁板上，妈妈判断不是小狗而是儿子做的，于是把儿子喊过来。

"赫赫啊，为什么要打碎花盆啊？"

"我没有弄碎它。波比在阳台上玩耍的时候把它弄倒的。"

儿子把打碎花盆的责任全推到了家里养的宠物狗波比身上。

　　这种情况下，即便父母认为孩子没有说真话，也不要当场责备他，可以温柔地再询问一遍。如果孩子仍坚持这就是事实，那就暂且宽容地放过他。

　　但是如果确定孩子在说谎，可以把孩子叫过来平静地对他说："我知道你说的不是真话。"然后和他解释不能说谎，进而让孩子铭记，给予别人信赖感是很重要的事情。

　　父母在告诉孩子不能说谎话的时候，不要威胁孩子。请记住，

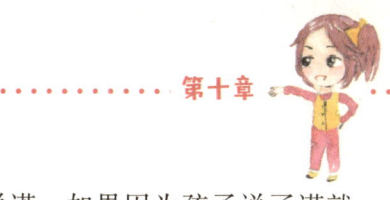

也有孩子虽然知道不能说谎但还是说谎。如果因为孩子说了谎就抓着不放，会让孩子被自责感包围。

如果孩子因为害怕被责骂或受罚而说谎，首先告诉他父母不会那样对他，让他安心，然后劝告他把事实说出来，再和孩子说："我很高兴你把事实说出来了。即使你做了坏事，也不要害怕，要勇敢站出来承认。"如果孩子做了坏事的情况下，父母仍能保持平静，孩子也就不会因为害怕而说谎了。

不想让孩子为了辩解而说谎，就应避免问出有诱导性的问题。

父母知道孩子不刷牙就跑去睡觉时，不要问"牙刷了吗"，而应该说"睡前要刷牙哦，赶紧去刷"更恰当。

小贴士

即便孩子经常说谎，父母也没有必要担心孩子长大后养成说谎的习惯。即使真有那样的时候，只要父母冷静地教育他们，孩子慢慢也会改正过来的。

最重要的是父母要冷静对待。另外要让孩子牢牢记住，如果一直不说实话，会让别人认为他是不值得信赖的人。

不要让偷东西的
孩子有负罪感

小孩子经常会分不清自己和别人的东西。如果孩子因为眼馋，想拿走商店或朋友家的玩具，父母不要把这种行为叫作"偷窃"。

和孩子说明"那个玩具不是你的，你不能拿过来"，让他打消念头。如果他在超市随便拿糖果，就和他说那个是超市里的东西，不能乱拿。

孩子到六岁的时候，就知道偷窃是什么，也知道这样做是不对的。

如果孩子不是随手拿糖之类的小东西，而是更严重的偷窃行为，父母肯定会十分震惊。再怎么说偷窃也是犯罪，这种事情和自己的孩子扯上关系会让人很不舒服。等到最初的震惊平复之后，父母就会开始探究孩子这样做的动机，并很容易产生自责。

即使父母对孩子的心理进行分析，也不会有任何意义。孩子即便知道偷窃是不对的，但觊觎一样东西时仍会不管三七二十一地伸手去拿，或为了买那个东西而去偷钱。父母与其追究子女有什么问题，不如针对问题症结想想该怎样解决。

首先，希望父母确认孩子是否知道"偷窃"是严重的罪。下面来举个例子：

　　五岁的孩子从妈妈梳妆台上钱包里拿钱时被妈妈撞见，并被妈妈严厉地训斥了一顿。

　　但孩子仍然继续偷钱。

　　于是妈妈让孩子坐下，用真诚的态度和孩子说明偷窃是不对的。

　　妈妈的一番话给孩子留下深刻的印象，之后就再也没有偷过钱了。

　　其次，如果孩子确实是偷了别人的东西，那就直接开门见山和他说。

　　比如，与其问孩子"真的是朋友给的？哪个朋友"，不如直接问"钱包里少了五元，是不是你拿了钱去买了你手里的这个头绳"。

你是不是拿了别人的东西？

……

如果孩子抵赖说没有拿钱，请不要再和她争吵下去，平静地坚持自己的意见。如果最后孩子承认偷窃，就让她把头绳退掉，并把剩下的钱收回。如果孩子用偷来的钱买了糖果或点心，就和她一起讨论怎样赔偿丢钱的人。

小贴士

不要让偷窃的孩子产生羞耻感或叫他"小偷"，尤其是不要用"你现在要去监狱了"来威胁孩子。另外也要避免追问孩子"怎么会做这种事情呢"。如果一直把孩子往坏的方面去想，孩子就有可能真的走上歪路。

虽然父母费劲心思，但盗窃的自责感仍旧会折磨着孩子。对于孩子的这种负罪感，父母应该如何对待呢？首先，向孩子吐露自己的心情。如果用"你心情也很不好吧"来表示理解，孩子也许会低着头什么话都不说。

这是孩子因为羞愧而无法回答。这时父母可以用温柔的声音继续劝慰："与其自责，不如下决心以后再也不做了。以后有什么很想要的东西，就和爸爸或妈妈说。"